本书获教育部高校思想政治教育创新发展中心项目（项目编号：WH）
哲学社会科学研究重点项目（项目编号：23D077），湖北省
（项目编号：2020GA050）资助

讲好Z世代的辅导员育人故事：
破茧成蝶和双向成长

胡劲生 ◎ 编著

吉林大学出版社

·长 春·

图书在版编目（CIP）数据

讲好 Z 世代的辅导员育人故事：破茧成蝶和双向成长 / 胡劲生编著. -- 长春：吉林大学出版社，2025.5.
ISBN 978-7-5768-5166-3

Ⅰ．G645.1-53

中国国家版本馆 CIP 数据核字第 2025C26C40 号

书　　名：讲好 Z 世代的辅导员育人故事——破茧成蝶和双向成长
　　　　　JIANGHAO Z SHIDAI DE FUDAOYUAN YUREN GUSHI
　　　　　——POJIAN-CHENGDIE HE SHUANGXIANG CHENGZHANG
作　　者：胡劲生
策划编辑：卢　婵
责任编辑：卢　婵
责任校对：张　驰
装帧设计：文　兮
出版发行：吉林大学出版社
社　　址：长春市人民大街 4059 号
邮政编码：130021
发行电话：0431-89580036/58
网　　址：http://press.jlu.edu.cn
电子邮箱：jldxcbs@sina.com
印　　刷：武汉鑫佳捷印务有限公司
开　　本：787mm×1092mm　　1/16
印　　张：9.5
字　　数：110 千字
版　　次：2025 年 5 月　第 1 版
印　　次：2025 年 5 月　第 1 次
书　　号：ISBN 978-7-5768-5166-3
定　　价：68.00 元

版权所有　翻印必究

前　言

　　Z世代学生，是指出生于1995年至2010年之间的青少年群体。他们成长于互联网盛行的时代，大多个性鲜明，有着自己的"圈层文化"。热门影视剧、综艺节目、电子竞技、偶像文化以及微博热搜等互联网文化现象，已深度融入他们的日常生活，成为其融入各类社交群体的重要媒介。

　　在这个充满变革的时代，高校辅导员在Z世代的教育舞台上扮演着独特而重要的角色。他们坚守初心不渝，明确自身定位不偏，以爱心为桥梁，与学生真心相交，与班委紧密合作，共同凝聚班级磅礴力量。在不断的学习中，他们沉淀静心，提升自我素养；他们怀揣坚定信念，致力于培育"向上生长"的新一代青年。

　　然而，辅导员的工作并非易事。那些刚踏入Z世代辅导员行列的新人，他们有的经历同事调岗，有的匆忙接手新生班级，有的面临全新工作模式的挑战，心中不免困惑，"辅导员的工作很苦、很累，但为何我们依然要投身其中？"。其实，这个问题的答案既需要前辈的经验指引，也需要个人的深刻领悟。辅导员的悉心引导，为经济困难学生开辟了更多的人生路径；辅导员的无私付出，为奋进学生搭建了接触广阔平台的桥梁；辅导员的不懈努力，为迷茫学生点亮了做出更好选择的明灯，直至梦想成真。这便是答案。

辅导员的引导对学生的成长意义重大。正如德国哲学家卡尔·雅斯贝尔斯所言："对于学生来说，这样的训导才有意义而不成为负担，精神的成长在书本中有记载，学生们在实践中不断完成，它比所有的物质成就更为重要。"①这句话深刻阐明了教育的重要性。在本书中，笔者将通过一个个具体的育人故事②，分享自己如何以初心、爱心、责任心以及决心，为Z世代学生的成长和发展贡献自己的力量。

胡劲生

2025年3月

---

① 卡尔·雅斯贝尔斯. 什么是教育[M]. 邹进，译. 北京：生活·读书·新知三联书店，1991：54.

② 本书中出现的学生名皆为化名。

目　录

Z世代辅导员育人故事一
　　——逐光而行：小涵的成长蜕变之旅 ················ 1
　　一、案例故事 ······································· 1
　　二、问题分析 ······································ 10
　　三、辅导方案 ······································ 12
　　四、育人感悟 ······································ 13
　　五、案例小结 ······································ 14

Z世代辅导员育人故事二
　　——守心筑梦：青春的守护者 ······················ 16
　　一、案例故事 ······································ 16
　　二、问题分析 ······································ 25
　　三、辅导方案 ······································ 27

四、育人感悟 ·· 29
　　五、案例小结 ·· 31

Z世代辅导员育人故事三
——来自星星的学生 ·· 33
　　一、案例故事 ·· 33
　　二、问题分析 ·· 41
　　三、辅导方案 ·· 42
　　四、育人感悟 ·· 44
　　五、案例小结 ·· 45

Z世代辅导员育人故事四
——从蜘蛛侠到航空兵 ······································ 47
　　一、案例故事 ·· 47
　　二、问题分析 ·· 54
　　三、辅导方案 ·· 55
　　四、育人感悟 ·· 57
　　五、案例小结 ·· 59

Z世代辅导员育人故事五
——学生成长历程中的陪伴与支持 ······················ 60
　　一、案例故事 ·· 60
　　二、问题分析 ·· 70
　　三、辅导方案 ·· 72

四、育人感悟 ································ 73

　　五、案例小结 ································ 74

Z世代辅导员育人故事六

　　——小旭的蜕变 ······························ 76

　　一、案例故事 ································ 76

　　二、问题分析 ································ 84

　　三、辅导方案 ································ 86

　　四、育人感悟 ································ 87

　　五、案例小结 ································ 88

Z世代辅导员育人故事七

　　——一场以心换心的辅导员育人之旅 ············ 90

　　一、案例故事 ································ 90

　　二、问题分析 ································ 97

　　三、辅导方案 ································ 99

　　四、育人感悟 ······························· 101

　　五、案例小结 ······························· 102

Z世代辅导员育人故事八

　　——守望者与追光者：辅导员的三重育人篇章 ··· 104

　　一、案例故事 ······························· 104

　　二、问题分析 ······························· 113

　　三、辅导方案 ······························· 114

四、育人感悟 …… 115

　　五、案例小结 …… 117

Z世代辅导员育人故事九

　　——"润"物细无声：黑夜里总有星光，风雨后常伴彩虹…… 118

　　一、案例故事 …… 118

　　二、问题分析 …… 126

　　三、辅导方案 …… 128

　　四、育人感悟 …… 129

　　五、案例小结 …… 130

Z世代辅导员育人故事十

　　——一位辅导员与学生的双向成长之旅 …… 132

　　一、案例故事 …… 132

　　二、问题分析 …… 138

　　三、辅导方案 …… 139

　　四、育人感悟 …… 141

　　五、案例小结 …… 142

后　记 …… 143

Z世代辅导员育人故事一
——逐光而行：小涵的成长蜕变之旅

一、案例故事

（一）炽阳下的绽放：小涵的竞选之路

盛夏的阳光炽热如焰，将大地烤得金黄，仿佛每一寸土地都蕴含着勃勃生机。2006年9月，我满怀热忱与期待，踏入了武汉体育学院体育科技学院这片教育的沃土。作为一名体育教育专业的辅导员，我期望在这片希望的田野上播撒知识的种子，见证生命的蓬勃成长。

武汉体育学院体育科技学院，这座承载着无数青年梦想的高等学府，在盛夏的阳光下熠熠生辉，更显生机盎然。校园里绿树成荫，花香四溢，学子们或在跑道上挥洒汗水，或在石凳上安静阅读，尽情享受着青春的热情与宁静。作为一名辅导员，我深知肩上的责任之重，不仅要管理好学生的日常事务，更要引导他们走向正确的人生道路，在这片沃土上茁壮成长。

然而，一个充满挑战的日子——我系的学生会换届选举即将到来。此时的校园内弥漫着紧张而兴奋的氛围，学生们跃跃欲试，期待展现自我风采。作为我系的分团委书记和选举的负责人，我深感责任重大，唯恐任何意外影响选举的公平与公正。

在众多竞选者中，小涵引起了我的注意。她宛如一株默默无闻的小草，静静地生长在角落，等待他人的发现。她身材瘦小，面容清秀，眼中闪烁着对未知世界的好奇与渴望，恰似夜空中璀璨的星辰。初次见面时，她双手紧握，眼神闪烁，流露出不安与紧张。然而，与她交谈后，我发现她言辞清晰，思维敏捷，见解独到，这给我留下了良好的印象。

竞选前夕，小涵付出了诸多心血。她利用课余时间查阅大量资料，精心制作了一份竞选PPT（PowerPoint，中文名是"幻灯片"或"演示文稿"，简称PPT），希望能够脱颖而出。然而，考虑到学生的实际能力和维护选举公平性的需要，我最终决定取消PPT展示环节，改用演讲与现场问答的形式。这对小涵来说无疑是一个沉重的打击，她精心准备的PPT无法展示，努力似乎付诸东流。

在候场室内，小涵焦虑不安，双手不停揉搓衣角，泪水在眼眶中打转。她找到我，面容沮丧地请求退出竞选。我能深切体会到她此刻的心情，那一刻，我仿佛看到了曾经的自己——因缺乏自信而错失良机、因失败而痛苦挣扎。我轻轻拍了拍她的肩膀，用柔和的声音安慰道："孩子，别怕，勇敢地去尝试吧。即便失败了，也是一种成长、一种历练。未来的路还很长，你会遇到许多类似的情况。精心准备的东西，有时可能会被忽视，但你要学会接受挫折，因为那是生活的一部分，也是成长的必经之路。"

小涵听完我的话，抬头望向我，眼眶微微泛红，眼神中闪过一丝惊讶与感激。她轻声说道："谢谢您，胡老师。我会努力的，即使不能当选，我也会珍惜这次锻炼的机会。"

在我的鼓励下，小涵鼓起勇气踏上了竞选的讲台。虽然没有了PPT的加持，但她的演讲却更加真挚动人。她用朴实无华的语言描绘着对未来的憧憬与规划，用坚定的眼神传递着内心的信念与决心。那一刻，她仿佛不再是默默无闻的小草，而是一朵即将绽放的花朵，散发着自信的芬芳。

然而，竞选结果并不如人意。小涵最终未能当选学生会成员。当她得知这一消息时，脸上的笑容瞬间凝固，眼中闪过一丝失落与沮丧。但她并没有因此气馁，而是默默收拾心情，准备迎接新的挑战。

我走到她身边，轻声安慰道："小涵，别难过。这次失败并不意味着你的努力没有意义。相反，它让你更加清晰地认识到了自己的不足与需要努力的方向。记住，失败并不可怕，可怕的是失去信心和勇气。你要相信，只要你不肯放弃，总有一天你会绽放出属于自己的光彩。"

小涵点了点头，眼中闪烁着坚定的光芒。她轻声回应道："胡老师，我明白了。我会继续努力学习，争取在下一次机会中展现更好的自己。"她的表态让我意识到，她是一个渴望进步的孩子，只是缺少机会。于是，作为我系的分团委书记和选举的负责人，我决定给她一个机会，让她在学生会组织部中担任预备干部的职务。这个决定对小涵来说，无疑是一个巨大的鼓舞，也是我对她努力和潜力的认可。我相信，在未来的日子里，她会以更加自信和坚定的步伐，走出属于自己的成功之路。

（二）秋光中的蜕变：小涵的学生会征程

在那悠长的校园时光里，小涵如同一颗不经意间撒落在沃土中的种子，怀揣着对未知世界的好奇与憧憬，悄然迈入了学生会的大门。秋日午后，阳光透过泛红的叶隙，斑驳地洒在她的肩头，宛如大自然最温柔的祝福，预示着她一段不凡旅程的开始。

作为她在这条道路上最初的引路人，我对这个孩子怀有深切的期许。小涵的名字虽显平凡，却蕴藏着无限可能，正如她本人一般，外表朴素无华，内心却燃烧着永不熄灭的火焰。我深知，态度决定一切，而小涵那份难能可贵的踏实与认真，正是她最宝贵的财富，足以照亮她前行的道路，让梦想逐渐清晰。

初入学生会时，小涵面对繁杂的工作任务，时而感到迷茫，时而心生忐忑。但她从未退缩，始终以虔诚的态度迎接每一次挑战。我从最基础的活动策划开始教起，向她传授工作技巧与心得，而她总会认真倾听、学习。夜深人静时，图书馆里总能看到她忙碌的身影，她的那份专注与执着令人动容。

然而，成长之路并非坦途。在筹备"十月红色文化月活动"时，小涵遇到了前所未有的挑战。从人员座位的安排到活动流程的把控，每个细节都考验着她的智慧与耐心。一次，由于沟通疏忽，活动开始前现场陷入混乱，小涵急得满头大汗，眼中闪烁着焦急与无助。我走到她身旁，用平和的语气安慰道："别急，慢慢来，问题总能解决。"我引导她安抚参与者的情绪、迅速调整座位，确保活动顺利进行。那一刻，我看到了她的成长——那颗被风雨洗礼的种子正努力破土而出，向着光明生长。

经历风波后，小涵变得更加成熟自信。她主动承担起与参赛者沟通的任务，确保每个人都明确知晓活动要求和流程。在"镜头下的红色追寻：元素与记忆采风活动"中，她不辞辛劳，亲自审核每一份投稿作品，那份细致入微的态度，让人感叹于她的责任心与敬业精神。

筹备"党史教育知识竞赛"时，小涵再次面临挑战。参赛队伍水平参差不齐，她一度陷入困境。看着她紧锁的眉头和忧虑的眼神，我知道她又遇到了难题。我鼓励她："这正是我们举办活动的目的之一——让更多人了解、学习党史。你可以尝试在竞赛前增加培训环节，帮助参赛队伍提升水平。"小涵眼中闪过一丝光芒，那是希望与决心的火花。她立刻行动起来，查阅资料、准备讲稿，为参赛队伍策划了一场生动的党史教育培训。

培训当天，小涵站在讲台上，声音坚定有力，每一个字都仿佛带着历史的厚重与时代的呼唤。我仿佛看到了她在风雨中雕琢出的坚韧之姿，傲然挺立于知识的田野间，用智慧与热情浇灌着每一颗渴望成长的心灵。经过培训，参赛队伍水平显著提升，小涵也对自己的能力有了更深的认识和肯定。她意识到，自己不仅能做好幕后策划与协调工作，更能在台前展现风采与才华。

终于，到了"红色文化月主题报告会"的那一天。小涵作为组织部的代表，全程参与了活动的策划与执行。她穿梭于会场每个角落，确保每个细节都尽善尽美。当舞台上灯光璀璨、精彩表演和展示轮番上演时，小涵站在幕后，心中充满了自豪与满足。她知道，这一切的成就与荣耀，都离不开自己的坚持与努力，更离不开那些在她成长道路上给予支持与鼓励的人。

活动结束后，校园里弥漫着喜悦与满足的氛围。小涵走在校园小道上，阳光透过树叶的缝隙洒在她身上，为她披上金色的光辉。她停下脚步，闭上眼睛，深吸一口气，感受着内心的平静与满足。我知道，未来的路上，她还会遇到更多的挑战与困难，但我也相信，凭借着这份坚韧与勇气，她定能克服一切、实现梦想。我站在一旁，看着她沉浸在自己的世界里，心中充满了欣慰与骄傲。

（三）冬雪前的小跃：小涵的成长与梦想之旅

那是一个深秋的午后，我坐在办公室里，正全神贯注地处理着积攒的学生工作。突然，一阵急促的脚步声打断了我的思绪。我抬头一看，是小涵。她脸上洋溢着自信的笑容，走到我面前，递给我一份文件，那是学生会组织部的活动策划书。

"胡老师，您看看这个方案怎么样？"

我接过策划书，仔细地阅读起来。这份方案条理清晰，细节周到，不难看出她为此付出了很多心血。我抬头看着她，心中涌起一股莫名的感动。她变了，变得如此自信和从容，仿佛一夜之间，她从一个羞涩的孩子成长为了一个能够独当一面的大人。

"很好，非常棒！"我由衷地赞叹道。

她听了脸上露出了灿烂的笑容，就像田野间绽放的花朵，绚烂而自信。从那以后，我开始更加关注小涵的成长。她是田径专项的体育生，每天清晨，当第一缕阳光洒满校园时，她就已经在操场上训练了。我偶尔会向她讨教跑步的知识和注意事项，她都会耐心地为我讲解每一个动作的要领并亲自示范。在她的指导下，我也开始尝试跑步，并且跑得越来越好。这些看似微不足道的举动，也让小涵感受到了我对她的认可与信任。

除了跑步，小涵还非常注重自己的学习和职业生涯规划。她告诉我，她希望将来能够成为一名优秀的体育教师，将自己对运动的热爱传递给更多的人。因此，她会经常向我咨询相关问题，我也会耐心地一一解答。我建议她可以尽早着手准备教师资格证和各种能力证书的考试，并在这个过程中穿插学习英语四级。小涵听从了我的建议，在每天的体能训练之余，她都会独自一人待在图书馆里，记单词、做阅读、学习教师资格证考试的内容，同时收集和整理专升本的学习资料。她的努力和坚持让我深感敬佩，也让我更加坚信她一定能够实现自己的梦想。

转眼间，秋天已经过去大半，校园里的树叶开始变得金黄。一阵秋风吹过，树叶纷纷飘落，仿佛在为这个秋季画上一个圆满的句号。小涵也即将迎来她人生中的重要时刻——教师资格证的面试。我知道，这场面试对她来说意义重大，不仅是对她过去努力的检验，更是她未来梦想的起点。

考试的那天早晨，我给她发了一条短信鼓励她："小涵，无论结果如何，你都已经做得非常好了。我相信你的努力和坚持一定会得到回报的。"

她也回复了我的信息，表示会尽自己最大的努力去考试，无论结果如何，都不会放弃自己的梦想。

果然，功夫不负有心人，她通过了教师资格证的考试，具备了成为一名人民教师的资格。那一刻，我仿佛看到了她未来的样子——一名优秀的体育教师在操场上挥洒着汗水、传递着对运动的热爱和执着。从那以后，小涵更加努力地学习和训练，向着下一个目标——顺利通过专升本考试奋进。

（四）冬月下的飞跃：小涵的学生会晋升与梦想启航

冬季的校园，被薄霜悄然覆盖，宛如披上了一层洁白的纱衣。阳光穿透云层，稀疏而温柔地洒落，为静谧的午后增添了一丝暖意。我坐在温暖的办公室里，手握厚重的学生会年度总结报告，心中感慨万千。

这份报告，不仅是对学生会一年工作的总结，更是对小涵成长历程的见证。回想起初次与小涵相遇的那个夏日，她如同一株角落的小草，静待被发现。而今，她在学生会成员中脱颖而出，即将参与组织部副部长的竞选。

考核日来临，教室弥漫着紧张兴奋的气息。小涵坐在位置上，双手紧握，眼神中充满期待与忐忑。这一刻对她意义非凡，不仅关乎职位晋升，更是为梦想和信念而战。

述职大会在庄严的氛围中拉开帷幕。学生会主席、副主席及所有部长、副部长依次上台，全面细致地汇报过去一年的工作。他们的述职各具特色，有的激情澎湃，有的沉稳内敛，都展现了对工作的热爱与执着。

终于轮到小涵上台。她挺直身板，缓缓走上讲台，浑身散发着自信与从容。她以清晰有力的声音，讲述自己在学生会组织部的成长历程。从最初的迷茫不安到逐渐适应成长，再到如今的独当一面，每一个细节都娓娓道来，如一幅生动的画卷在我们眼前展开。

小涵的述职赢得了在场所有人的掌声与认可，也深深触动了我。我看到了她眼中的坚定与执着，看到了她为梦想付出的努力与汗水。此刻的她，已不再是初来乍到、羞涩不安的小女孩，而是勇敢追梦、敢于担当的青年学子。

述职结束后,考核打分环节紧锣密鼓地进行。每一位评委都认真审阅小涵的述职报告,仔细回想她过去一年的表现与贡献。最终,经过公正严格的评选,小涵在所有参评人员中名列前茅,获得优秀等级,并正式转为学生会组织部的副部长。

结果宣布的那一刻,教室沸腾了。同学们纷纷向小涵表示祝贺,小涵的脸上洋溢着轻松与喜悦。她走到我面前,深深鞠了一躬,眼中闪烁着感激的泪光,"谢谢您,胡老师。没有您的鼓励与支持,就没有今天的我。"我微笑着向她点点头,心中充满了欣慰与骄傲。

我对小涵说:"小涵,这是你应得的。你的努力与坚持,大家都看在眼里。记住,无论未来遇到多少困难与挑战,都要像今天这样,勇敢去面对、去克服。我相信,你一定能够走得更远、飞得更高。"小涵点了点头,眼中闪烁着坚定的光芒。她深知,这个职位不仅是一份荣誉,更是一份责任。她需要继续在学生会中发挥作用,为同学们提供更好的服务,同时也要为未来的专升本考试做好充分准备。

小涵的成长之路并非一帆风顺。她曾有过迷茫与不安,也曾为了一个活动细节而熬至深夜。但正是这些经历,让她变得更加坚韧与成熟。她学会了如何沟通协调、如何处理突发问题、如何在压力下保持冷静,这些宝贵的经验将成为她未来人生道路上的宝贵财富。

晚上,在回住所的路上,我抬头望向天空,一轮明月高悬于夜空之中,皎洁的月光洒满校园。我仿佛看到了小涵在未来的道路上勇往直前、不断超越自我的身影。她将继续用自己的行动诠释着什么是梦想、什么是坚持、什么是奋斗。

作为她的辅导员,能够见证她的成长与蜕变,我感到无比的荣幸与自豪。我将一直为她加油鼓劲、保驾护航，相信她能在未来的道路上绽放更加耀眼的光芒。

二、问题分析

（一）存在的问题

1.自信心不足与自我怀疑

小涵在竞选初期因竞选规则变更产生强烈挫败感，主动提出退选。落选后情绪低落，过度依赖外部评价确认自我价值，缺乏稳定的自我认同。这表明她在心理建设上仍显薄弱，未能形成内在的驱动力。

2.抗压能力与情绪调节能力较弱

面对竞选规则调整、活动筹备混乱等突发状况时，小涵表现出明显的焦虑与情绪失控，甚至流泪。她缺乏足够的心理韧性，无法独立面对压力情境，需要辅导员的引导和支持才能恢复行动力。

3.实践经验与应急处理能力欠缺

在学生会工作中，小涵因沟通疏忽导致活动混乱，如座位安排失误等问题。这反映出她缺乏对突发问题的预判能力以及快速解决问题的技巧，需要依靠他人的指导才能化解危机。

4.沟通协调能力不足

在协调参赛队伍时，小涵未能有效传递信息，导致队伍水平参差不齐；初期工作中缺乏主动沟通意识，过度依赖个人单方面努力。这种行为模式限制了团队协作效率，影响了整体效果。

5.职业规划的系统性与前瞻性不足

虽然小涵目标明确，但其职业规划缺乏系统性和前瞻性。在初期阶段，她并未主动规划教师资格证、专升本等关键路径，而是在辅导员提醒后才开始系统性备考，表现出一定的被动执行倾向。

（二）造成问题的原因

1.心理韧性培养不足

小涵长期处于被保护状态，缺乏应对突发挫折的历练，导致其心理承受阈值较低，易因规则变动、竞争失败等外部刺激产生退缩行为。

2.实践场景经验匮乏

小涵作为新生，缺乏大型活动组织经验，对复杂工作流程（如人员协调、流程把控等）缺乏认知，实际操作中暴露出细节管理漏洞。

3.沟通技巧未体系化

小涵未掌握跨群体沟通策略，如与参赛队伍沟通时，未能根据对象差异调整表达方式，导致信息传递效率低下。

4.自我认知存在偏差

小涵初期低估自身潜力，如竞选时认为PPT是唯一优势，过度关注短板而忽视演讲、策划等隐性能力，限制了能力的全面发展。

5.目标管理能力薄弱

小涵虽有职业理想，但未能将长期目标分解为阶段性任务（如教师资格证书考取时间线），导致备考与日常训练存在时间冲突，需外部引导优化时间分配。

三、辅导方案

（一）个性化心理疏导与机会赋予

通过竞选退出危机中的及时情绪疏导（如"别怕，勇敢尝试"的鼓励），结合破格任命预备干部的信任赋予，帮助建立"挫折—反思—新机遇"的正向反馈循环，将失败转化为成长契机。

（二）情境化工作指导与压力缓冲

在活动筹备混乱时进行现场示范（如调整座位、安抚情绪），我通过"别急，慢慢来"等语言构建安全环境，从而在实践中培养小涵应急处理能力，降低试错焦虑。

（三）阶梯式能力培养

从简单活动策划教学到参与"十月红色文化月活动"执行，再到独立策划党史教育培训，最后主导"红色文化月主题报告会"。我通过任务难度的渐进提升，从而帮助小涵实现"观察学习—协助实践—独立操作"的能力跃迁。

（四）目标导向的沟通训练

我要求参赛队伍培训前沟通确认需求，通过策划书撰写强化逻辑表达（如方案的"条理清晰，细节周到"的要求），可在具体工作场景中锤炼小涵精准传达信息、协调多方诉求的能力。

（五）协助职业发展规划

我主动建议小涵进行教师资格证、专升本备考规划，通过短信鼓励、学习资料共享形成持续监督,进而将职业理想转化为可操作目标,建立"训练—备考—职业"的可持续发展模式。

四、育人感悟

每个学生都是待解的成长密码,教育者的使命并非直接给出答案,而是成为解码过程的陪伴者。当我们学会用耐心守望挫折、用智慧点燃希望,那些曾蜷缩在角落的"小草",终将在属于自己的春天里绽放出惊艳时光的花朵。小涵的这段成长蜕变之旅,使我感触颇深。

(一)成长始于被看见的勇气

教育的真谛在于为每个独特的灵魂点燃希望之火,让被忽视的微光终成璀璨星辰。小涵的故事让我深刻领悟到教育者的首要使命是成为学生潜能的"发现者"。当她蜷缩在竞选候场室啜泣时,我看到的并非怯懦的失败者,而是一块将热忱深藏于心的璞玉。那份精心制作的PPT虽未得以展示,却让我窥见了她追求卓越的执着。

(二)挫折是重塑生命的刻刀

当竞选规则的变化击碎小涵的信心时,我选择不回避这场"挫折教育"。那些含着泪水的"别怕,勇敢尝试",以及活动混乱时的"慢慢来",都在诠释一个真理:真正的成长往往诞生于意外之中。正如贝壳忍受沙粒的磨砺才能孕育珍珠,学生在应对突发状况时被激发的应变力,远比顺利完成任务更为珍贵。

(三)信任是最温柔的鞭策

从预备干部到组织部副部长的晋升之路,本质上是信任的阶梯式交付。当她颤抖着递交第一份活动策划时，我选择以"非常棒"的言语鼓励代替具体的修改意见。这并非纵容，而是以信任激发其责任意识。教育者的信任如同魔法，能将学生从"要我做好"的被动，转化为"我要做好"的自觉。这种内驱力的觉醒，胜过千言万语的说教。

（四）教育是生命的彼此照亮

在指导小涵备战教师资格证考试的过程中，我惊讶地发现，那个曾需要我疏导情绪的姑娘，竟开始用专业跑步知识帮助完善我的锻炼计划。这让我顿悟，育人从来不是单向的施与受，当我们以平等的姿态走进学生的世界，他们的成长同样在重塑教育者的认知边界。那些图书馆的晨光与操场上的汗水，何尝不是师生共同书写的生命诗篇？

（五）静待花开需要智慧的温度

小涵的蜕变历程，教会了我把握教育时机的艺术。竞选失败时的及时疏导、活动混乱时的现场示范、职业规划时的前瞻建议，每一次干预都如同春雨般"润物细无声"。教育并非操之过急的改造，而是把握"最近发展区"的精准赋能，是在学生伸手可及处搭建阶梯，让他们在攀登中自然舒展生命的姿态。

五、案例小结

本案例以武汉体育学院体育科技学院体育生小涵的成长蜕变为主线，展现了高校辅导员通过系统性干预策略破解人才发展困境的教育实践。面对小涵因竞选规则突变引发的心理危机、活动执行中的沟通困境及职业规划碎片化等多重挑战，辅导员以"心理赋能—能力锻造—发展导航"三维干预框架实施精准帮助。通过"及时疏导+破格任用"重塑其自我认同，利用活动筹备中的混乱局面开展场景化教学，构建"预备干部—项目执行—独立策划"的阶梯培养路径，并将教师资格证的考试计划拆解为可操作的阶段性目标，最终助力其实现从"焦虑退选者"到"学生会副部长"的跨越，并成功通过教师资格考试。这一过程不仅带来了显性成长，如职位晋升、证书获取等，更带来了抗压能力升级、自我效能感提升及职业认同觉醒等隐性成长。

　　本案例为高校辅导员综合素质提升提供了诸多经验启示。辅导员可以通过机制创新，将信任前置，用信任激活责任意识；要善于利用情况突变等"教育契机"，强化挫折教育，将危机转化为锻炼能力的机会；在"成长规划"方面，应设置可完成的阶段性目标，遵循循序渐进的成长规律。

　　面向未来，高校可探索家校协同的职业规划支持系统，开发数字化成长档案，实现能力培养的可视化追踪，并深化"专项技能—通用素质—职业能力"三位一体的体教融合模式。本案例为新时代"五育"融合发展要求提供了"心理赋能—能力锻造—发展导航"的立体化培养范式，彰显了教育者在学生成长中"引领者"的重要作用，为人才培养贡献了可借鉴的实践样本。

Z世代辅导员育人故事二
——守心筑梦：青春的守护者

一、案例故事

作为一名身处Z世代的高校辅导员，我常常感到自己肩负着一种特殊的使命。当代大学生成长于信息爆炸的时代，既见证了社会的变革，也面临着前所未有的挑战。他们怀揣梦想，却在成长的道路上难免遭遇挫折。作为辅导员，我的职责就是成为他们青春路上的守护者，悉心呵护他们的成长，细心倾听他们的心声，陪伴他们走过每一个重要的人生阶段。

（一）守望心灵之光：辅导员的守护成长叙事

1.亲情问题：失去父亲的坚强女孩

初接手这个班级时，我便下定决心，要深入了解每位学生的内心世界，成为他们值得信赖的师长和朋友。小陈，一位性格内向的女孩，在人群中显得有些拘谨，眼神中时常流露出一丝羞涩。我未曾想到，这位看似安静的女孩，会在日后成为我甚为牵挂的学生之一。

一个周末的夜晚，我正在家中筹划工作事宜，手机铃声骤然响起，来电显示是小陈。我心中略感不安，接通电话后，听到小陈带着哭腔说道："胡老师，我爸爸去世了，我需要请假回家……"闻此噩耗，我的心猛然一沉。我深知，对于学生而言，失去至亲是何等沉重的打击。我当即放下手头的工作，轻声安慰小陈，并告知她我会马上赶往学校。

挂断电话后，我迅速打车前往学校。途中，小陈的面容不断浮现在我的脑海，内心充满对她的怜惜与担忧。抵达学校后，我径直走向小陈的宿舍。敲门进入后，我看到她蜷缩在角落，泪流满面，室友们则站在一旁，显得有些手足无措。我快步上前，给予她安慰。那一刻，我希望能让她感受到，她并非孤身一人，我们都在她身边。

随后，我与她的家人取得联系，确认她回家的行程安排，并叮嘱她路上随时与我保持联系，建议她在家多陪伴母亲几日。同时，我积极协调各部门，为她办理请假手续，确保她能够安心返家。

十天后，小陈返校并前来找我销假。我借此机会与她深入交谈，询问家中情况，但她表现得兴致索然，只是机械地回答着。见她如此模样，我心中甚是疼惜。我随即组织班级同学给予她关怀与照顾，让她感受到集体的温暖，并协助她申请了助学金。

在接下来的日子里，我时刻关注着小陈的状态。每天都会与她交谈，她也逐渐敞开心扉，向我倾诉她对父亲的思念之情。有时，她会默默流泪，我便静静地陪伴在她身旁；有时，她会回忆起与父亲共度的美好时光，我便认真倾听，适时给予她回应与慰藉。

经过一段时间的悉心呵护，小陈的情绪逐渐趋于稳定。她开始重新投入到学习中，成绩也慢慢回升。某天，她眼眶泛红地对我说："老师，谢谢您。如果没有您，我真不知道该如何度过这段艰难时光。"那一刻，我的眼眶也湿润了。我欣慰地看到，小陈已经走出阴霾，重新找回了生活的勇气。

小陈的故事让我深刻认识到，作为高校辅导员，我们不仅要关注学生的学业成绩，更要重视他们的心理健康。每一位学生背后都承载着独特的人生经历，他们需要的不仅是知识的传授，更需要心灵的抚慰与成长的陪伴。

2.情感问题：感情不顺的自信男孩

大学既是青春绽放的舞台，也是情感萌芽的沃土。然而，情感问题往往成为困扰学生的重要课题。小李是我班上的一名男生，性格开朗，学业成绩优异。然而，在大二下学期，他却因一段感情而陷入了深深的困惑之中。

小李对一位女生心生情愫，但对方并未给予同样的回应。他整日在宿舍唉声叹气，学业成绩也随之一落千丈。观察到这一情况后，我主动找他进行了一次深入交谈。他低着头，低声说道："老师，我喜欢她，可是她并不喜欢我，我该怎么办？"望着他失落的神情，我心中充满了疼惜。

我告诉他，感情之事不可强求，应学会接受现实，将精力重新投入到学习和生活中去。然而，他却摇了摇头，固执地说："老师，我知道您是为我好，但我真的做不到。"我明白，此刻的他需要的不仅是理性的劝解，更需要时间去慢慢疗愈这段感情的创伤。

于是，我开始更加关注他的生活和学习情况。我发现他近期经常旷课，沉迷于网络游戏。长此以往，不仅学业将受到严重影响，身心健康也将受到损害。于是，我决定再次与他进行深入交流。

某天晚上，我邀请他来到办公室，语重心长地说道："小李，我理解你现在的痛苦，但你不能继续这样消沉下去了。感情只是生活的一部分，不能因为一段感情的挫折就放弃自己的学业和未来。"他抬起头，眼中闪过一丝迷茫，但也似乎有所触动。

我继续说道："小李，你要学会调整自己的心态。生活中还有许多美好的事物等待你去发现和体验。只要你把注意力转移到学习和生活上，你就会发现，自己的世界将变得更加宽广。"他沉默片刻，然后坚定地点头说道："老师，我明白了。我会努力的。"

从那以后，小李开始慢慢调整自己的状态。他不再沉迷游戏，而是认真上课，学业成绩也逐渐回升。有一次，他笑着对我说："老师，谢谢您。现在我已经明白感情只是生活的一部分，不能因为一段感情的挫折就放弃自己的未来。"看着他重拾自信的样子，我感到由衷的欣慰。

作为辅导员，我常常觉得自己像一个情绪的"收纳箱"。学生们把他们的喜怒哀乐都倾诉给我，而我则用心去倾听、去理解、去安慰。我深知，这些情绪背后折射的是他们对生活的迷茫、对未来的担忧，以及对成长的渴望。而我能做的，就是陪伴他们走过这段成长的旅程，帮助他们找到前进的方向，陪伴他们度过成长的每一个重要阶段。

（二）筑牢安全之盾：辅导员的危机护航叙事

1.醉酒事件：深夜的守护

大学生活虽然丰富多彩，但也充满了未知与挑战。一个深夜，我正准备就寝，突然接到学生小钟的室友的紧急来电："老师，小钟喝醉了，情况十分糟糕，您能尽快赶来吗？"闻言，我立即起身穿衣，迅速赶往宿舍，内心充满了焦虑与担忧。

抵达小钟宿舍后，我看到他躺在地上，面色苍白，呼吸急促紊乱，意识已然模糊。我立即拨打120急救电话，同时指挥小钟的室友妥善照顾他。救护车很快到达现场，我们合力将小钟抬上车，紧急送往医院。

在医院，经过医生的仔细诊断，确定小钟为重度的急性酒精中毒。经过紧急救治，小钟终于转危为安。我心疼地望着他虚弱的样子，内心充满忧虑。随后，我及时联系了小钟的父母，详细告知了小钟的情况，并承诺会保持密切联系，随时更新病情。

那一夜，我守在医院寸步不离，密切关注着小钟的状况，唯恐出现任何意外。直到次日早上八点多，小钟才逐渐恢复意识。我轻声告诫他："小钟，以后绝对不能再这样了。喝酒不仅损害健康，更会让家人和朋友为你担忧。"他眼含泪光，诚恳地承认了错误。

我再次联系小钟的父母，告诉了他们小钟平安的消息，并告知他们小钟已经清醒，情况正在好转。接着，我与小钟进行了长谈，强调大学生活虽然美好，但更需要自律和自制。他连连点头，表示会引以为戒，绝不再犯类似错误。

回家后，我并未休息，而是立即将此事详细记录在工作日志中。我深知，仅凭一次谈话难以彻底解决问题，于是决定在班级召开一次以"健康生活，拒绝酗酒"为主题的班会。

在班会上，通过案例分析、小组讨论等多种形式，学生们深刻认识到酗酒的危害性。小钟也主动分享了自己的亲身经历，他的真诚和悔悟深深打动了每一位同学。此后，班级再未发生过类似事件。这次事件不仅警醒了小钟本人，也让其他同学更加明白了自律的重要性。

2.诈骗事件：学生财产安全的守护

在信息化时代，诈骗手段层出不穷，大学生群体往往成为诈骗分子的重点目标。某周末晚间，我的学生小马焦急地致电给我，称其母亲因病急需手术费用，希望我能借给她3 000元。听闻此事，我心中顿生疑虑，便建议她让一位亲戚与我联系以核实情况，但她却一再推托。这让我更加确信事有蹊跷。

随即，我迅速联系了班委及小马的室友，得知小马也以同样的理由向室友借款。我当即判断她可能遭遇了诈骗，立即叮嘱小马的室友不要借钱给她，并密切关注她的动态，同时火速赶往学校。

在查阅小马的家庭情况表后，我成功联系上了她的母亲，并将此事告知。她母亲表示，小马当天还以报名参加培训为由向家中要钱。至此，我确信小马已陷入诈骗陷阱。

经调查发现，小马在网络上浏览到兼职刷单的信息，为赚取零花钱，她便按照对方的要求进行了操作。在首次转账后，对方谎称资金被锁定，须再次转账才能解封，小马就这样一步步陷入了诈骗分子的圈套。

我迅速安抚小马的情绪，并说道："不要着急，我们立刻去派出所报案。"此时已是深夜十二点，我陪同她紧急赶往派出所。在派出所，小马详细地向警方讲述了事情的经过，并积极配合调查工作。警方提醒我们，此类诈骗手段十分常见，务必提高警惕。

在送小马回宿舍的途中，我不断安慰她，并叮嘱小马的室友密切关注她的情绪状态。次日，我主动找小马谈心，发现她存在严重的自责情绪。

经了解，她自幼丧父，长期怀有愧疚心理，认为自己是个"灾星"，这导致其性格颇为自卑。在倾诉过程中，她情绪失控，失声痛哭。我在耐心开导她的同时，及时联系了学校心理咨询中心，安排专业咨询。同时，我也将此事告知了其母亲，以寻求家庭层面的协助。

回到学校后，我决定在班级召开一场以"防范电信网络诈骗"为主题的班会。班会上，通过典型案例分析、视频讲解等多种形式，学生们深刻认识到诈骗的危害性。自此，班级再未发生类似诈骗事件。

此次事件不仅使小马深刻吸取了教训，也提高了全体同学的安全防范意识。作为辅导员，我深知保护学生的财产安全是我义不容辞的责任。我们不仅要关注学生的学习和生活状况，更要时刻关注他们的安全问题。在此次突发事件的处理过程中，我深刻体会到作为辅导员的责任和使命。面对学生的困难和危险，我们必须迅速反应、及时提供帮助和支持。同时，我们还应通过主题班会等形式，加强学生的安全教育和自律意识，让他们在大学生活中健康成长。未来，我将继续秉持"学生至上"的教育理念，用心守护每一位学生的成长，为他们的全面发展保驾护航。

（三）织密防护之网：辅导员心理危机干预叙事

九月，正值开学季，校园里洋溢着新生对未知生活的无限憧憬。小婷作为众多新生中的一员，起初并未引起我的注意。然而，她频繁请假的行为引起了我的警觉。经过数次观察，我开始重点关注这位学生。

在一次偶然的交谈中，我得知小婷曾患有抑郁症，甚至有过自杀倾向。那一刻，我顿感手足无措。通过深入了解，我获悉她在高中时期的生活颇为坎坷，长期遭受同学的恶意对待，且未能得到父母的理解与支持。

这种孤立无援的境遇，使她的心灵遭受了严重的创伤，负面情绪长期积压，最终导致心理疾病的发生。

小婷曾就读于其他高校，但因身体原因无奈退学。来到我校后，新环境似乎并未抚平她的心理创伤。面对这种情况，我深知仅凭简单的关心与询问远远不够，她需要的是更专业的心理干预和持续的支持。于是，我尝试与她建立更深层次的信任关系，并计划带她前往学校心理咨询中心寻求专业帮助。

起初，她对心理咨询表现出强烈的抵触情绪。我理解她的恐惧与不安，但坚信这是她重拾希望的起点。经过多次耐心的沟通与鼓励，她终于勉强同意接受心理咨询。然而，心理咨询中心的评估结果并不乐观，小婷的心理状况依然严峻。心理咨询老师建议其尽快就医，但我知道这对她来说又是一道难以逾越的心理障碍。

我意识到单靠学校的力量显然不够，必须与家长形成教育合力。于是，我及时联系了她的家长，详细阐述了小婷的情况，请求他们积极配合，劝说并陪同她就医。小婷的父母表示理解与支持，并承诺会尽快安排就医事宜。得到这一回复，我心略感宽慰。

然而，就在我们以为情况正在好转时，小婷突然出现了自伤行为。我心急如焚，立即赶往现场，紧急送她就医。途中，我不断与她交谈，试图分散其注意力，缓解她的痛苦情绪。在就医过程中，我及时联系了小婷的家长，详细说明了情况，并强调了病症的严重性，希望他们能够尽快到校配合处理。同时，我也向上级领导和心理健康中心进行了详细汇报，确保各环节都按照规范程序进行。

处理完伤口后，我安排了一位与她关系要好的同学陪同她返回宿舍。

当晚，我们进行了长时间的深入交流。我耐心地倾听她的心声，鼓励她面对现实，积极配合治疗。最终，她同意次日前往医院接受专业治疗。

在昏暗的灯光下，我注意到她眼中闪烁着一丝希望的，或许是对生命的渴望，抑或是对未来的期待。然而，重度抑郁的诊断结果如同一道沉重的枷锁，压在我们每个人的心头。医生建议小婷住院治疗，但考虑到实际情况，我们决定让她回家接受治疗，待病情稳定后再返校继续学业。

在与家长沟通的过程中，我看到了他们眼中的焦虑与无助，也感受到了他们愿意为孩子付出一切的决心。在家长的陪伴下，小婷踏上了漫长的康复之路。在此期间，我也时刻关注着她的治疗进展，与她保持着密切联系，不断鼓励她，希望她能够坚持治疗、早日康复。

大一下学期开学之际，小婷带着中度抑郁的诊断证明重返校园。尽管其病情有所缓解，但心理测评中心仍将其列为高风险学生。这一评估结果提示我们，对小婷的心理健康关注与干预工作仍须持续深入，仍须更加细致地关注她的心理状态。

为此，系里专门召开了专题会议，就如何更好地帮助小婷进行了深入探讨。会议决定，继续引导她在专业医疗机构接受系统治疗，并要求其定期复查。同时，我们与家长签署了承诺书，明确家校协同管理与治疗的具体方案。家长对此给予了充分理解与支持，他们的态度令我深感欣慰。

为了帮助小婷更好地融入校园生活，我鼓励她参与系里组织的各类活动，如"欢乐驿站"组织的跑步、飞盘、唱歌等活动。这些活动不仅为她提供了释放压力的机会，更让她与同学们建立起了深厚的友谊。她的室友与好友也主动参与其中，用温暖的陪伴与真诚的鼓励为她构筑起了一道坚实的心理防线。

随着时间的推移，小婷的心理状态逐步趋于稳定。她开始主动与我交流，愿意分享自己的感受与变化。我注意到她的笑容越来越多，眼神也愈发明亮。这种积极的变化让我感受到她的成长与蜕变，仿佛看到了她内心深处的那束光正在逐渐照亮她的世界。

最令我感动的是，在一次专业课程中，小婷勇敢地站上讲台，自信地展示了自己的PPT。在课堂上，她自信而从容，俨然已经完全走出了过去的阴影。下课后，她兴奋地与我分享自己的感受，用"2.0版本"来形容自己的蜕变。我看到了一个全新的她，一个勇敢、坚强、充满希望的她。

如今，小婷已能够正常地学习与生活，虽然偶尔仍会出现情绪波动，但她已经掌握了自我调节的方法，并懂得在需要时主动寻求帮助。在这个过程中，我们之间的信任与友谊也日渐加深。小婷的康复历程让我更加坚信，只要秉持爱心、保持耐心、运用科学，就一定能够驱散那些隐匿于心灵深处的阴霾，让他们感受到阳光的温暖与希望的光芒。

二、问题分析

（一）存在的问题

1. 情绪调节能力薄弱

学生在遭遇重大创伤性事件时，如小陈丧父事件，往往难以有效疏导悲伤、孤独等负面情绪，长期陷入心理困境，甚至出现自伤等极端行为。这种情绪调节能力的薄弱，严重影响了学生的心理健康状况。

2. 抗压与抗挫折能力不足

面对情感挫折时，如小李表白被拒的经历，学生易采取逃避、自我封闭等消极应对方式，如沉迷网络游戏等，进而严重影响其正常的学习生活秩序。这种抗压能力的不足，反映了学生心理韧性的薄弱。

3.风险防范意识欠缺

部分学生，如小钟的酗酒行为和小马轻信刷单诈骗的案例，显示出其对酗酒危害、网络陷阱等缺乏基本判断力，轻信他人或冲动行事，最终导致人身安全或财产受损。这种风险防范意识的欠缺，暴露了学生安全教育的不足。

4.人际交往主动性欠缺

部分学生，如小婷初期因过往创伤对人际交往产生抵触心理，拒绝向亲友、教师寻求帮助，加剧了心理问题的严重性。这种人际交往的被动性，阻碍了学生社会支持系统的建立。

5.自我认知偏差严重

部分学生，如小马因丧父自责为"灾星"的案例，存在扭曲的自我评价，将挫折归咎于自身缺陷，形成负向心理循环，进而影响其行为选择。这种自我认知的偏差，反映了学生自我认同感的缺失。

（二）造成问题的原因

1.情绪管理技能匮乏

学生普遍缺乏科学应对负面情绪的方法，如小陈压抑悲伤、小婷以自伤缓解痛苦等案例，显示出学生其无法通过合理渠道释放压力的情况。

2.价值观片面化倾向

部分学生过度放大单一事件对人生的影响，如感情失败等，陷入"全或无"的认知误区，导致行为偏激。

3.安全教育知行脱节

学生虽然接受过安全教育，但未能将其内化为行动准则，如小钟明知酗酒危害仍放纵、小马忽视防诈骗知识等案例，显示出学生仍然存在侥幸心理。

4.心理求助意愿低下

部分学生，如小婷初期对心理咨询存在偏见，或出于羞耻感拒绝专业援助，错失早期干预机会。

5.自我认同感缺失

学生因特殊经历形成错误的自我认知，如"不配被爱""注定失败"等消极观念，缺乏主体意识和价值认同，导致非理性决策。

三、辅导方案

（一）构建多维度心理支持网络

1.个体化心理干预

通过每日定向谈心（如小陈丧父后的每日对话）和创伤事件后的及时陪伴（如深夜守护醉酒学生小钟），建立师生信任关系，为学生提供情绪宣泄的出口，缓解其心理压力。

2.集体关怀系统搭建

组织班级互助活动（如为小陈申请助学金、动员小马的室友关注小马动态），营造支持性环境，帮助学生缓解孤独感和无助感，增强其归属感。

（二）实施认知行为引导策略

1.理性认知重构

针对情感挫折（如小李表白被拒），通过办公室深度谈话引导其理解"感情并非人生全部"，并结合制订学业恢复计划（如督促小李回归课堂），帮助其转移注意力，重建理性认知。

2.价值观矫正干预

运用案例教学，在主题班会中解构错误认知，强化健康生活观和风险意识，帮助学生树立正确的价值观和行为准则。。

（三）建立危机预防与教育体系

1.常态化安全教育

通过"健康生活，拒绝酗酒""防范电信网络诈骗"等系列主题班会，采用情景模拟（如分析受骗过程）和采用后果推演（如展示急救案例），将安全知识内化为学生的行为准则，提升其风险防范能力。

2.风险预警机制

建立学生动态监测网络（如通过班委、小马的室友及时获取小马异常借款信息），实现安全隐患的早发现、早干预，确保学生安全。

（四）激活社会支持系统

1.家校协同干预

在重大危机事件（如小婷自伤、小钟酒精中毒）中，立即联动家长（如要求小婷家长签署治疗承诺书），明确家庭监护责任，形成家校协同的治疗合力，共同促进学生康复。

2.同伴支持培养

设计团体活动（如引导小婷参与飞盘运动、唱歌等欢乐驿站活动），通过任务协作促进人际连接，帮助学生修复社交信心，增强其社会支持感。

（五）开展阶梯式心理重建

1.专业资源对接

对重度心理问题学生（如小婷、小马），及时转介心理咨询中心，配合医院治疗（如督促小婷定期复查），构建"校—医—家"三级干预链条，确保学生获得专业、系统的心理支持。

2.赋能式成长辅导

通过阶段性目标设定（如鼓励小婷公开演讲）和成功体验（如展示小婷PPT汇报成果），帮助学生重塑自我价值认同，打破负向认知循环，促进其心理成长与自我实现。

四、育人感悟

教育的本质是让学生在风雨中学会为自己撑伞，在黑暗中找到属于自己的星光。当我们以耐心为土壤，以专业为养分，以信任为雨露，那些曾被阴霾笼罩的生命，终将在爱与智慧的浇灌下，绽放出坚韧而独特的光芒。这段育人之旅，使我感触颇深。

（一）教育是点亮心灯的守望

面对小陈丧父后的沉默与机械应答，我选择每日定向谈心，用持续的陪伴融化她内心的坚冰。辅导员的角色并非解决问题的"救世主"，而是手持烛火的引路人。当小婷蜷缩在抑郁的黑暗中时，辅导员的一句"我陪你去看医生"比任何道理更能传递希望。教育者的使命是在学生最脆弱的时刻，为其照亮前行的方向，助其找到内心的光明。

（二）认知偏差需以理性破局

在小李因失恋陷入"感情即人生全部"的偏执认知时，办公室里的深度对话与学业恢复计划，成为打破思维茧房的利器。辅导员通过引导他关注学习成就、重新定义自我价值，使其领悟到人生的多维可能性。正如小马从"灾星"自责到勇敢报案的经历所证明的，矫正扭曲的自我认知是重塑行为模式的关键，也是帮助学生走出心理困境的重要途径。

（三）安全防线需扎根于行为实践

小钟的酗酒事件与小马的诈骗陷阱警示我们，安全教育不能止于课堂宣讲。通过"健康生活，拒绝酗酒"主题班会中的急救案例推演、"防范电信网络诈骗"情景模拟，将风险意识内化为行动准则。当学生目睹放纵的代价，如小钟分享急救经历，才能真正理解自律的意义，并在实践中筑牢安全防线。

（四）成长是多方合力的交响

小婷的治疗历程中，"校—医—家"三级干预链条的构建、家校承诺书的签署以及团体活动中同伴支持的激活，印证了教育绝非孤军奋战。正如动员小马的室友关注小马动态、组织班级为小陈编织关怀网，育人需要家庭、学校、社会形成共振，共同托举学生的成长。

（五）教育是静待花开的艺术

小婷从自伤到站上讲台的蜕变，经历了数月的定期复查、阶段性目标设定与成功体验积累；小李从沉迷游戏到重拾学业，依赖的是持续的行为引导而非速效干预。教育如同培育幼苗，既须在寒潮中覆土保护，如深夜陪护醉酒学生，又要懂得在春光里退后守望，如鼓励小婷自主选择治疗方式。这种"张弛有度"的智慧，恰是育人者最需要的修行。

五、案例小结

本案例聚焦高校辅导员对五类典型学生问题的干预实践：小陈因丧父陷入心理困境，小李因情感挫折逃避学业，小钟酗酒引发健康危机，小马受骗导致财产与心理创伤，小婷因校园霸凌遗留重度抑郁并自伤。案例的核心问题体现为重大创伤后情绪疏导能力薄弱、情感非理性应对、风险判断力缺失及人际回避加剧孤立、自我价值观扭曲等。

针对上述问题，辅导员可采取多维干预策略。第一，构建情感支持系统，做到每日定向谈心、创伤及时陪伴；第二，实施认知重构路径，做到深度对话重塑学生价值观；第三，建立危机防控机制，构建酗酒与诈骗安全教育链，加强"班委—室友"的动态监测；第四，激活协同干预模式，签署家校治疗承诺书，开展团体活动促进同伴支持；第五，推进阶梯化心理重建，构建"校—医—家"三级联动机制。实施上述策略成效显著：小陈成绩回升并重拾生活勇气，小李学业与认知双恢复，小婷突破自我站上讲台。同时，酗酒与诈骗事件数量显著减少，班级互助文化逐步成型，家校协同效率显著提升。本案例可提炼出普适性经验，即共情陪伴是破局关键，"认知—行为"双轨干预须同步推进，预防性教育应聚焦行为内化，"家庭—学校—同伴"三维联动的生态化支持网络是长效保障。

面向未来，辅导员的工作可从以下几个方面进行优化：第一，强化智能化预警，例如利用大数据构建心理风险画像；第二，深化辅导员专业培训，提升辅导员的心理咨询与危机干预技能；第三，开发校本融合课程，实现心理健康与安全教育一体化；第四，整合社会资源，借助职业体验与志愿服务拓宽社会化路径。

Z世代辅导员育人故事三
——来自星星的学生

一、案例故事

（一）思政育人案例

每个孩子都是一颗会发光的星星，璀璨而明亮。在我的辅导员生涯中，我遇见过许多颗这样的星星，他们各有特色，各有执着，在银河中闪烁着属于自己的光芒。然而，银河浩瀚无边，万千星光中，有的星星待在角落，因找不到轨道而落寞迷茫，因蒙上灰尘而自卑感伤。作为一名致力于探索银河、擦拭星星，让每一颗星星都能在银河中熠熠生辉的教育工作者，我曾遇见过一颗灰蒙蒙的星星——小邹。

小邹是一名来自高考大省的体育生，以普通成绩考入我校。习惯了高中严格的学业管理模式，他对大学相对自由的课堂氛围和学习方式感到无所适从。他不仅难以适应大学的授课形式和考核方式，还因舍友的戏谑而倍感焦虑。舍友们沉迷游戏，对从图书馆回来的小邹冷嘲热讽，这让他开始质疑自己努力学习的意义，甚至失去了继续奋斗的动力。自此以后，他上课时心不在焉，不带课本、不做笔记，甚至旷课。在专业分流时，他更是草率地做出了选择，生活也变得懒散，穿拖鞋和睡衣上课，对课程也毫无兴趣，对学校社团活动更是不屑一顾。挂科成为常态，无所事事变成了他的日常。

小邹并非本地人，饮食习惯、水土气候的差异都让他倍感不适，加之他自幼父母离异，长期独自在外求学，缺乏父母亲的关心和呵护，这导致他思想偏执，难以琢磨。某天晚查寝时，我发现小邹与室友的关系很紧张。他的室友们都是典型的"夜猫子"，常常到凌晨才入睡，中午才起床。作息时间的冲突让本就不善沟通的小邹更加郁闷，他经常生闷气，与室友的冷战也逐渐升级。在一个寂静的凌晨，当室友依然外放电话声音时，小邹的忍耐达到了极限，一场激烈的争执随之爆发，甚至演变为肢体冲突。自此，宿舍氛围剑拔弩张，小邹与室友之间的争吵频繁发生，每一次争执都让他心力交瘁。终于，在某天晚上十时，矛盾再次升级。我接到班干部的紧急电话后，立即赶往小邹的宿舍，试图安抚他激动的情绪。当时的小邹只有一个念头：立刻离开这个让他感到压抑的地方，回到家中。

然而，正值新冠疫情期间，各地的封控措施使得离校变得异常困难。我耐心地与小邹沟通，同时联系了他的父亲，共同做他的思想工作。经过一番努力，小邹最终选择留下。在与小邹的深入交谈中，我逐渐了解到他内心的苦楚。原来他自幼就渴望得到家庭的爱，但自从进入大学后，父母几乎从未主动与他联系。每当看到其他同学接到父母的电话，他的心中便涌起难以言喻的情绪。这种情绪不断积累，加上他喜欢阅读一些激进的书籍和新闻，导致他的思想越发偏激。

在全面了解小邹的复杂情况后，我决定以温暖的陪伴为切入点，逐步打开他的心结，倾听他内心的声音。为此，我邀请他一起跑步，让他在大自然的怀抱中放松身心。在跑步过程中，我们聊起了各自第一次跑步的经历。小邹告诉我，他的第一次跑步是和爷爷一起完成的，而爷爷是他童年和人生中的一束光。当我察觉到小邹对爷爷的思念和即将夺眶而出的泪水时，我轻声对他说："孩子，想哭就哭出来吧。"风似乎也在这一刻变得柔和起来，与我一同打开了他的心门。迎着微风，小邹由啜泣到大哭，再到抽泣。他的泪水和磕绊的话语向我倾诉着他的困惑和悲伤。

我们从跑道的最内侧一圈一圈地跑到最外侧，而小邹对我的信任也在这一过程中循序渐进地建立起来。跑步结束后，我拿出提前准备好的礼物——一本笔记本，递给了小邹。我告诉他："这个笔记本有两层意义。第一层意义是感谢你愿意走出自己生活的第一步，勇敢地面对自己的内心。第二层意义是，这个笔记本叫作'未来信箱'，我们做一个'3+3+3'的约定吧。从今天起，每天记录下你最想做的三件事、你最感恩的三件事、你最期望的三件事。这样你可以更加清楚地了解自己的生活状态，也能更好地认识自己。当然，如果你愿意的话，我非常欢迎你每周来和我分享你的喜与忧，就把我当作一个可以倾诉的信箱吧！"

尽管小邹表面上依旧显得无所谓，但我从他的目光中捕捉到了闪烁的感动和惊喜。当天，他便开始在笔记本上动笔记录。我知道，这微小的光芒虽然不起眼，但终将照亮他前行的道路。从那以后，小邹每天都坚持着"3+3+3"的记录，逐渐找到了自己的生活节奏。他在忙碌中感受到了轻松和愉快，对我的信任也日益加深。他开始珍惜每天的时光，在点滴记录中找到了希望和自信。

　　作为辅导员，我深知教育的本质在于爱与榜样。为了让小邹找到人生的方向，成长为更好的自己，我决定让他每周来我办公室帮忙。在工作的过程中，我适时地给予他指导和鼓励。他逐渐展现出了细致、认真的优秀品质，也开始建立了自信。除了学习和工作外，我还尝试着在生活中一点点挖掘他的闪光点。每周，我都会和他分享一部电影或一本好书，如电影《地球上的星星》和《摔跤吧！爸爸》，书籍《活着》《平凡的世界》和《人世间》等。我希望他能在这些作品中感悟生命的意义，并鼓励他大胆分享自己的看法。在交流中，我不断引导小邹丰富自己对世界的认识，探索真实的自我，树立正确的世界观、人生观和价值观。

　　在了解到小邹对所学专业知识的消极情绪后，我鼓励他大胆尝试参与志愿服务活动，通过实践让他亲身感受专业的魅力，从而激发学习热情。我推荐小邹学习拳击，让他在拳击的世界里尽情探索自己的兴趣。在拳击的教与学过程中，小邹逐渐获得了成就感，收获了自信和内心的平静。他不再自我否定、自我质疑，而是勇敢地面对生活中的每一个挑战。

　　同时，志愿服务活动也让小邹体验到了帮助他人和无私奉献的快乐。他感受到自己的光与热在温暖他人，这种感受点燃了他奉献助人的热情。他开始积极报名参与志愿服务活动，在服务中锻炼了沟通和交流的能力。这种收获影响着他的生活，他主动寻求我的帮助，大胆与室友沟通并道歉。在我的协调和引导下，小邹的寝室矛盾得以解决。每次志愿服务活动结束后，他都会来找我交流自己的感受。我见证着这颗星星开始发光发热，温暖并照亮着身边的人。

　　针对小邹感到孤独的情况，我积极联系了他的父母，希望能成为连接小邹与他父母的桥梁，让他们彼此感受到对方的爱和牵挂。小邹的父母并非不爱他，只是生活的压力和不善于表达情感导致他们忽略了小邹。我向他们详细讲述了小邹的情况，他们对忽略小邹感到深深的愧疚。我向小邹的父母介绍了他的许多优点和在校期间的积极表现，鼓励他们直接向小邹表达爱意，给予他更多的鼓励和支持。同时，我还将小邹在学校上拳击课的视频展示给他的父母，让他们看到小邹的成长和变化。

此外，我发起了一个名为"思家"的活动，邀请小邹和他的父母分别写下最想对彼此说的话，并将这些话语作为家校合作成果互相寄送给对方。这个活动让小邹和他的父母更加深入地了解了彼此的内心世界，也让他们之间的感情更加深厚。如今的小邹已经扫除内心的阴霾，以积极向上的姿态迎接生活中的各种挑战。他用爱种下的时光种子终于迎来了春天，绽放出绚烂的花朵。作为辅导员，我深知教育的意义在于唤醒而非塑造。每一个孩子都是自然宇宙与人类智慧的结晶，他们有着丰富的心灵和巨大的潜能。而我们要做的，便是引导孩子打开自己内心世界中藏满宝藏的盒子，让他们勇敢地追寻自己的梦想和目标。春风化雨，润物无声，我们要用爱擦亮每一颗星星，让他们在未来的道路上绽放出更加耀眼的光芒。

（二）心理育人案例

党的十八大以来，习近平总书记高度重视立德树人在教育中的重要地位和作用。在全国教育大会上，习近平总书记明确指出，"建设教育强国是一项复杂的系统工程，需要我们紧紧围绕立德树人这个根本任务，着眼于培养德智体美劳全面发展的社会主义建设者和接班人"[①]，努力促使学生做到"明大德、守公德、严私德"[②]。此外，习近平总书记还强调教育是"国之大计、党之大计"。在这一伟大的教育事业中，高校辅导员发挥着举足轻重的作用。接下来，我将用三个字来讲述我的心理育人故事。

1.辅在今天融"情"

故事始于某年九月的新生报到之夜。我在宿舍巡查时，恰逢小李的母亲正在为他整理床铺。闲聊之中，母亲讲述了孩子的读书历程。我注意到小李的表情与行为，结合母亲的叙述，凭借辅导员的职业敏感和经验，我意识到这是一名"特殊"的学生。随后，在与小李深入交谈并查阅其成长档案后，我更加确信他的与众不同。于是，我暗下决心，要扮演好他在校期间的"家长"角色，努力让他快乐学习，让家长放心，也让学校对我的工作满意。

2.导在明天尽"责"

通过每周晚点名的交流、微信朋友圈的互动，以及每周二的深入谈心，我与小李逐渐建立了深厚的师生关系。他慢慢对我敞开心扉，其自闭型性格有了明显改变。一年来，他的家庭关系、师生关系以及同学关系都得到了显著改善。

[①] 中华人民共和国中央人民政府官网.习近平在全国教育大会上强调：紧紧围绕立德树人根本任务、朝着建成教育强国战略目标扎实迈进［EB/OL］.（2024-09-10）［2025-03-07］. https://www.gov.cn/yaowen/liebiao/202409/content_6973522.htm.

[②] 中华人民共和国中央人民政府官网.习近平：在北京大学师生座谈会上的讲话［EB/OL］.（2018-05-03）［2025-02-14］. https://www.gov.cn/xinwen/2018-05/03/content_5287561.htm.

3. 员在未来出"才"

在与小李一年多的相处中，我深切感受到他所承受的时代压力，这种压力源自家庭与社会的双重期许。每当我们谈及学习、现状与理想时，他总展现出倔强的一面，渴望改变现状。基于他的个人条件，他最终决定毕业后出国留学，以追求更高的目标、实现自己的抱负与梦想。

（三）资助育人案例

某天，小江来到我的办公室请假。在了解她的请假理由后，我仔细叮嘱需要注意的事项并批准了她的假条。一周后，我接到了小江的电话，她告知我她可能患有严重的血液类疾病，需要就医并承担高昂的治疗费用。得知这一消息后，我立即动用个人资源，为她联系了相关领域的专家。最终，小江被确诊为急性白血病，需要进行移植手术。

在小江确诊后，她定期向我汇报治疗进展。我了解到，她的家庭为了支付医疗费用，已经负债累累。小江的父亲几年前因生意经营不善，加之疫情影响，遭受了重大打击；母亲年迈，无法外出工作，家庭仅依靠母亲微薄的退休金维持生活和偿还债务。

事实上，在新生报到后，我在查阅学生基本信息时就已经关注到小江的情况。入学后，我第一时间与她进行了谈话，进一步了解了她的学习与生活状况。在谈话中，我得知小江因早产，身体状况一直不佳。专科期间，她还因其他健康问题休学两年，之后才重返校园继续学业。因此，她的年龄比同年级学生偏大，而且因为长期患病，很少与他人接触，所以性格非常内向，不愿与人交流。虽然家庭经济困难，但小江自尊心很强，内心也很敏感。

在深入了解小江的基本情况后，我发现她学习非常刻苦，在课堂和考试中表现优异。然而，由于性格和经历的影响，她在人际交往中表现出一种隐约的"割裂感"，融入集体的速度较慢。此外，受家庭经济条件限制，小江在日常生活中极度节俭，饮食营养摄入不足。更让她感到迷茫的是，因身体和家庭经济原因，她对未来职业规划感到彷徨和无助。

针对小江的困境，我从"人际关系""经济帮助"和"未来规划"三个方面入手，对她进行了心理疏导和实际帮助。首先，在人际关系方面，小江性格内向，很少主动与他人交流。但通过与任课教师和学生干部的沟通，我发现她乐于帮助遇到困难的同学，并展现出良好的学习习惯。于是，我与部分教师协商，将一些需要沟通的课程任务交给小江完成，并在课堂上多与她互动。这种方式不仅锻炼了她的能力，增强了她的自信心，也让班级中更多同学发现了她的闪光点。两个月后，越来越多的同学主动与小江交流，课下也会向她请教课堂上的知识难点。

在经济帮助方面，我向小江详细讲解了国家的资助政策，特别是学校的资助工作理念和相关保障体系。我为她向学院申请了"爱心大礼包"，这不仅帮助她解决了在校两年的医疗保险问题，还为她争取到了一定额度的助学金。同时，动员班级同学伸出援手，切实减轻了她的家庭经济负担。

同时，我非常关心小江的身体状况及其未来发展。在未来规划方面，我鼓励她努力学习，提升自身能力，为申请奖学金奠定坚实基础。此外，我指导她积极关注并申请各类奖助学金，力求在最大程度上为她进行点对点的帮助。

目前，小江的身体状况恢复良好。她正在家中积极进行康复治疗，同时为复学做充分的准备。我相信，在我们的共同努力下，小江一定能够战胜病魔，重新找回属于自己的生活和希望。

二、问题分析

（一）存在的问题

1.环境适应能力薄弱

部分学生，如小邹，对大学自主学习模式和集体生活节奏表现出明显的不适应，导致学业懈怠、行为消极。

2.人际交往能力欠缺

部分学生存在沟通技巧不足、矛盾化解能力薄弱等问题，进而加剧人际孤立现象，如小邹与室友发生冲突、小江因性格孤僻难以融入集体。

3.情绪调节机制缺失

部分学生缺乏合理宣泄负面情绪的渠道，导致心理压力不断累积，如小邹因压抑愤怒最终爆发肢体冲突、小江因疾病长期处于焦虑状态。

4.自我认同感偏低

部分学生存在扭曲的自我认知，将困境归因于自身缺陷，从而丧失成长动力，如小邹长期自我否定、小江因疾病产生自卑心理。

5.生涯规划意识模糊

部分学生缺乏明确的学业和职业目标，陷入方向迷失状态，如小邹草率选择专业、小江因疾病对未来感到迷茫。

（二）造成问题的原因

1.自主管理能力不足

部分学生，如小邹，过度依赖高中阶段的被动学习模式，缺乏时间规划、目标管理等大学阶段必备的能力。

2.社交认知存在偏差

部分学生，如小邹，将人际矛盾简单归咎于他人，缺乏换位思考与协商解决问题的意识。

3.情绪处理策略单一

部分学生未掌握科学疏导情绪的方法，以偏激认知加剧心理失衡，如小邹通过阅读激进书籍宣泄情绪。

4.价值评价体系狭隘

部分学生过度放大单一评价标准，忽视多元成长的可能性，如小邹以成绩否定自我价值、小江因疾病贬低自身能力。

5.抗逆力发展滞后

部分学生在困境中习惯性退缩，缺乏主动突破舒适区的勇气和方法，如小江因长期患病回避社交活动。

三、辅导方案

（一）个体化情感支持与信任建立

1.深度陪伴干预

通过跑步谈心、赠送"未来信箱"笔记本等方式，引导小邹宣泄情绪、记录生活目标，逐步帮助其建立清晰的自我认知与积极生活的希望。

2.定制化心理疏导

针对小江敏感的性格特点，通过课堂互动任务（如协助教师工作）和正向反馈（如班级同学主动求助），帮助其融入集体，增强其自信心。

（二）多维认知重建与价值观引导

1.文化浸润教育

每周推荐励志电影和书籍，并与其进行观后讨论，引导小邹深入思考生命意义，矫正其偏激认知。

2.榜样力量传递

以自身为示范，鼓励学生展现细致认真的品质，并挖掘其闪光点，如以小江热心助人的行为为切入点，帮助其树立积极的自我形象。

（三）实践赋能与兴趣激发

1.兴趣导向实践

推荐小邹学习拳击，通过体育竞技释放压力、获得成就感；组织其参与志愿服务活动（如社区帮扶），让其在助人中体验价值感。

2.专业认同培养

针对小邹对专业的消极情绪，通过志愿服务实践（如体育公益教学），帮助其感受专业应用价值，重燃学习热情。

（四）系统性家校协同干预

1.家庭关系修复

发起"思家"活动，引导小邹与父母互写信件、分享拳击课视频，促进情感；向小江父母详细讲解资助政策，减轻其经济焦虑。

2.动态跟踪反馈

定期向家长反馈学生成长情况（如小邹的志愿服务表现），建立"辅导员—家庭"双向沟通机制，实现家校协同支持。

（五）结构化能力提升与资源整合

1.经济帮扶网络

为小江申请助学金、医疗保险，动员班级同学伸出援手，构建"政策保障+班级支持"的经济援助体系，切实减轻其经济负担。

2.生涯规划指导

结合学生特点制定阶梯目标，如小邹的拳击兴趣培养、小李的出国留学规划，提供奖学金申请指导、职业体验资源，帮助学生明确发展方向。

四、育人感悟

教育者的使命，是让每一颗蒙尘的星辰在属于自己的轨道上重新闪耀。当我们放下"改造者"的执念，转而成为"发现者"与"守护者"时，那些曾被定义为"问题"的棱角，终将在爱与信任的打磨下，折射出独一无二的光芒。这段育人之旅，使我感触颇深。

（一）以心换心是打开闭锁心门的钥匙

当小邹在宿舍与室友对峙时，辅导员没有急于说教，而是通过跑步谈心的方式，在运动中共情他的孤独。一句"想哭就哭出来吧"胜过千言万语，正是这种不带评判的倾听，让尘封的情感得以释放。教育者的真诚，往往在放下"教师"身份、以"同行者"姿态靠近时，才能真正触及学生的内心。

（二）兴趣是唤醒生命活力的火种

面对小邹对专业的消极情绪，推荐他进行拳击训练不仅释放了他的攻击性，更让他在挥拳的节奏中找回了掌控感。当他在志愿服务中指导他人拳击动作时，专业知识的价值被重新定义。教育不是强行灌输，而是点燃兴趣，让学生在热爱的领域里自发生长。

（三）家校协同是修复情感裂痕的黏合剂

小邹的父母因生活压力忽略了与孩子的沟通，辅导员发起"思家"活动，用书信和拳击视频架起亲情的桥梁。当父亲在信中写下"你的坚持让我骄傲"时，小邹眼中久违的光彩证明，家庭的缺席并非爱的缺失，而是需要教育者搭建传递的通道。

（四）经济帮扶与心理赋能需双轨并行

小江的困境不仅是疾病和经济压力，更是因长期自卑形成的"自我囚笼"。通过课堂任务赋予她"帮助者"的角色，让同学发现其闪光点。经济援助之外的精神认同，帮助她撕下"病弱"标签，重塑"助人者"的身份价值。

（五）教育是持续浸润的慢艺术

从"未来信箱"的每日记录，到每周电影分享的价值观引导，小邹的改变并非一蹴而就。辅导员用三年时间见证他从蜷缩到舒展，印证了育人如同培育树苗——风雨中的扶持固然重要，但更长久的是日复一日用耐心浇灌希望的微光。

五、案例小结

本案例聚焦高校辅导员对三类典型学生问题的系统性干预：小邹因家

庭缺位与大学适应困难引发行为偏差，小李因自闭倾向导致人际孤立，小江因疾病与经济压力陷入身心困境。核心问题体现为心理调适困境、社会功能缺陷及资源获取障碍。

针对这些问题，辅导员可实施三重策略：第一，情感浸润策略，通过跑步谈心、"未来信箱"日记法、课堂互动任务等方式，建立信任关系，引导学生情绪表达；第二，认知重构策略，借助励志电影或书籍讨论、拳击训练、志愿服务等活动，矫正偏激认知，重塑自我价值；第三，生态支持策略，通过家校书信互动、班级捐赠、政策保障等途径，构建心理赋能与经济援助的双轨闭环。实施这些策略成效显著：小邹修复了家庭关系、室友关系，并转型为志愿先锋，重燃专业热情；小江通过课堂任务融入集体；小李从自闭转向留学规划；班级互助文化逐步形成；家校协同与资助政策精准落地。本案例可提炼出"共情先行、兴趣撬动、资源聚合"的普适规律。

面向未来，高校可推进以下工作：第一，构建智能化预警机制，实现早期识别；第二，推动校本化课程开发，提升干预精准性；第三，实现社会资源拓展，增强支持力度；第四，赋能辅导员专业发展，提升育人能力。通过以上举措，构建"早期识别—精准干预—长效发展"的全链条育人生态，为学生成长提供更系统、更全面的支持。

Z世代辅导员育人故事四
——从蜘蛛侠到航空兵

一、案例故事

（一）初识Z世代：梦想与挑战并存的起点

在金秋九月，我迎来了职业生涯中的又一届新生。

"同学们，欢迎大家来到我们学校。我是你们的辅导员，接下来的几年里，我会陪伴大家一起成长，希望大家能够坦诚相待，共同进步。"我站在讲台上，用平和的语气做着自我介绍。台下是一张张或兴奋、或紧张、或好奇的面庞，他们正用目光探寻着这个即将陪伴他们走过大学生涯的人。

Z世代，一个充满活力与挑战的新时代人群。这一代学生成长于互联网浪潮之中，信息爆炸让他们的眼界无比开阔，个性张扬又渴望被理解。他们追求自由与独立，勇于表达自己的想法和观点。但同时，他们也有着不同于以往任何一代人的问题，如心理承受能力较弱、抗压能力不足等。这些问题无疑给辅导员的工作带来了更多挑战。

"老师，我们Z世代，是不是真的如您所说，心理承受能力那么弱啊？"一名学生突然站起来提问，语气中带着几分挑衅和好奇。

我微笑看着他，心中暗自感叹这一代学生的直接和勇敢。"当然不是，我只是说，相比起以前的学生，你们可能更加需要理解和关爱。但每个人都是独一无二的，不能一概而论。我相信，在座的每一位同学，都有自己的坚强和勇敢。"

（二）初遇小米：特殊的外在，深藏的内心

第一次见到小米，是在新生报到的那天。在众多新生中，小米的出现尤为引人注目。他长着一张典型的维吾尔族面孔，普通话中带着明显的新疆口音。这种独特的外在表现，让我对他产生了浓厚的兴趣。

"同学，你是新疆的吧？欢迎你来到我们学校！"我主动上前与他聊天，试图拉近与他的距离。

小米有些腼腆地笑了笑，"老师，是的，我是新疆的。第一次离家这么远，心里还挺忐忑的。"

在交谈中，我得知小米来自一个父母离异的家庭，是新疆籍维吾尔族学生。这次报到，他是自己坐飞机过来的，之前从未离开过新疆。小米的坚强和独立让我心生敬佩，但同时，我也注意到他的话语似乎有所保留。或许是因为成长背景的特殊性，让他在面对陌生人时，总是保持着一份警惕。

接下来的日子里，我更加关注小米的言行举止，试图通过日常的点滴

关怀，逐渐走进他的内心。军训期间，小米的表现十分出色。他那坚韧不拔的毅力和吃苦耐劳的精神，让我看到了他身上潜在的优秀品质。同时，我也联系了小米的室友，拜托他们对他的日常进行关注，如发现异常，要第一时间联系我。

一天晚上，我偶然看到小米独自一人坐在校园角落的长椅上，眼神中透露出一丝孤独和迷茫。我走过去，轻轻地坐在他身边。

"小米，怎么了？看起来心事重重的。"我关切地问道。

小米抬头看了我一眼，犹豫了一下，还是开口了。"老师，其实我一直很羡慕那些有父母陪伴的同学。我虽然表面看起来很坚强，但心里还是很渴望被理解和关爱。"

听到这里，我心中涌起一股暖流。这个孩子，虽然外表看似坚强，但内心却如此柔软和敏感。我轻轻地拍了拍他的肩膀，"小米，记住，无论遇到什么困难，都可以来找我。我会一直陪在你身边。"

（三）蜘蛛侠事件：违纪背后的深层原因

一个普通的早晨，另一位辅导员老师上班后发现办公室窗户和窗台有被翻越的痕迹。出于安全考虑，我们一同查看了监控。监控画面显示，几名学生因晚归时宿舍楼已关闭，便打开辅导员办公室的窗户，踩着窗台，从一楼与二楼的楼梯之间的窗户爬进了宿舍。这一行为宛如电影中的蜘蛛侠，但他们显然不是真正的英雄。

看着监控画面，我的脑海中立刻浮现出小米的身影。那个身影与监控中的画面如此相似，以至于我可以确定那就是他。

回到办公室后，我立刻叫来了小米进行确认。经过一番批评教育，小米最终承认了自己的错误。但他也吐露了自己内心的真实想法，他父母离异，一直跟着爷爷奶奶生活，入学的学费和生活费都是由年迈的老人承担。他不忍心看着老人承受如此大的压力，开学后一直想退学去社会工作，自己养活自己。

听到小米的话，我心中五味杂陈。这个孩子，背负了太多他本不该承担的重担。我意识到，小米的行为并非简单的违纪行为，而是他内心压力和困惑的一种外在表现。

"小米，你知道吗？你的这种行为虽然不对，但我能理解你的苦衷。不过，退学并不是解决问题的办法。我们学校有很多助学金和勤工俭学的机会，我可以帮你申请。而且，你的学业也很重要，不能轻易放弃。"我语重心长地说道。

小米低头沉默了一会儿，然后抬起头看着我，"老师，真的吗？我真的还有机会吗？"

我坚定地点了点头，"当然，只要你愿意努力，一切都会好起来的。"

（四）两步走策略：心理疏导与生活补助并行

针对小米的情况，我制定了"两步走"策略。一方面，我对小米进行了深入的心理疏导和健康教育。我告诉他，每个人都会遇到困难和挫折，但关键在于如何面对和解决问题。我鼓励他勇敢地表达自己的情感和想法，不要将心事埋藏在心底。同时，我引导他树立正确的价值观和人生观，让他深刻理解学习的意义和重要性。

"小米，你知道吗？每个人的人生都不可能一帆风顺。但正是这些困难和挫折，让我们变得更加坚强和成熟。你要相信自己，你有能力克服这一切。"我坐在心理咨询室的沙发上，耐心地开导着小米。

小米点了点头，但眼神中仍透出一丝迷茫。"老师，您说的我都懂，但我就是做不到。每次想到家里的老人，我就觉得自己好没用。"

我轻轻地拍了拍他的肩膀，"小米，别这么说。你已经很优秀了。而且，你不是一个人在战斗。你有我，有同学，有家人。我们都会一直支持你。你要相信自己，相信未来。"

另一方面，除了心理疏导外，我还积极为小米申请生活补助。我联系了学校的相关部门，为他申请了助学金和勤工俭学岗位。在申请过程中，我遇到了不少困难和挑战，但我不断与相关部门沟通、协调，从未放弃。最终，小米成功获得了助学金和勤工俭学岗位的支持。这些帮助让他感受到了来自学校和社会的温暖和关爱。

（五）重拾自信：鼓励与引导并重

经济上的帮助只是暂时的，更重要的是帮助小米树立自信心和自尊心，这才是他未来成长的基石。小米内心较为敏感，记得刚开学时，他在谈话中一直强调自己很乐观。但在与他相处的过程中，我发现他并不善于与人交流，也不太愿意展示自己的才华和优点。这让我深刻意识到，必须更加关注他的心理健康和成长需求，给予他更多的鼓励和引导。

"小米，你知道吗？你其实很有才华。你的普通话虽然带着新疆口音，但正是这种独特的韵味，让你更加与众不同。而且，你那坚韧不拔和吃苦耐劳的精神，是很多人都难以比拟的。你要相信自己，勇敢地展示自己。"我经常找小米聊天，试图帮助他找回自信。

在我的鼓励和引导下，小米逐渐尝试走出自己的舒适区。他参加了学校的演讲比赛和志愿服务活动，逐渐展现出了自己的才华和优点。他的表现也得到了老师和同学们的认可和赞扬。这让他感受到了来自他人的尊重和关爱，也让他变得更加自信和坚强。

"老师，谢谢您。我真的没想到，自己还能有今天。是您让我明白，每个人都有属于自己的舞台。只要勇敢地去尝试，就一定能找到属于自己的光芒。"小米在一次活动结束后，激动地拉着我的手，感激地说道。

（六）征兵宣传：小米的保家卫国梦

随着时间的推移，小米逐渐成长为一名成熟稳重的大学生。在大二期间，他依然保持着积极向上的心态和努力奋斗的精神。然而，让我意想不到的是，小米对征兵入伍产生了浓厚的兴趣。

"老师，我想征兵入伍。作为一名来自新疆的学生，我觉得自己有责任和义务去保卫祖国。"在一次与我的交流中，小米主动表达了他的想法。

听到这里，我心中涌起一股暖流。这个孩子，尽管经历了诸多困难和挑战，却始终怀揣着一颗热爱祖国的心。我意识到，这是一个有着强烈爱国情怀和使命感的年轻人。

"小米，你的想法很好。征兵入伍确实是一个值得尊敬的选择。但你要知道，这条路并不容易，需要做好充分的心理准备。"我语重心长地说道。

小米坚定地点了点头，"老师，我已经做好了准备。我愿意为祖国付出一切。"

于是，我开始积极为小米提供相关指导和帮助。我联系了学校的征兵办公室，为他提供了详细的征兵信息和流程指导。同时，我经常与小米进行深入交流，了解他的想法和困惑，并为他提供有针对性的建议。

在我的帮助下，小米顺利通过了征兵的各项考核和选拔。在役前训练的前一晚，我和几位同学一起为小米送行。他紧紧地抱着我，泪水不停地流，诉说着对我的感激和不舍。

"老师，谢谢您。我一定会努力当一名好兵，不给您丢脸。我也一定会冲锋在前，不给新疆好男儿丢脸。"小米哽咽着说道。

那一刻，我深深地感受到了辅导员工作的意义和价值。这个孩子，从一个叛逆的少年，成长为一个勇敢的解放军战士。他的蜕变和成长，离不开他自己的努力和坚持，也离不开学校和社会的支持与帮助。作为一名辅导员，能够陪伴他走过这段成长的历程，我感到无比的荣幸和自豪。

（七）蜕变成长：从蜘蛛侠到航空兵

在离校的那一天，小米给我发了一条信息："我出发了，辅导员。您的学生小米，现在是一名光荣的航空兵了。我还记得当时翻墙事件后您对我的教导，我一定努力当个好兵，不给您丢脸。我一定努力冲锋在前，不给新疆好男儿丢脸。"

看到这条信息，我沉默了许久。小米的故事让我深刻地感受到了Z世代学生的特点和需求。他们生活在一个信息爆炸、价值多元的时代，获取知识的途径更加多样化，思维方式和行为方式也更加独特和复杂。因此，作为辅导员，我们需要不断更新自己的教育理念和方法，以适应时代的变化和学生的需求。

在与小米共同成长的过程中，我学会了如何更加耐心地倾听学生的心声，如何更加细致地观察学生的行为变化，如何更加有效地与学生进行沟通交流。我也更加深刻地理解了育人的意义和价值。育人不是一个结果，而是一个过程。它体现在辅导员每时每刻的关怀和引导中，体现在与学生共同成长、共同进步的点滴中。

二、问题分析

（一）存在的问题

1.违反校规行为

小米因晚归翻越宿舍楼窗户，采用危险方式进入宿舍，表现出安全意识淡薄的问题。

2.心理敏感性与孤独感

小米因家庭离异、远离家乡，内心隐藏着孤独与迷茫，表面坚强但情感压抑。

3.经济压力下的退学倾向

小米因学费、生活费依赖年迈祖辈，产生退学打工的消极念头，缺乏长远规划。

4.人际交往能力不足

小米不擅长主动沟通交流，自我封闭，难以融入集体生活。

5.自信心与自我认同感缺失

小米不愿展示自身优点，低估个人价值，对学业和未来缺乏信心。

（二）造成问题的原因

1. 家庭结构特殊性

父母离异、隔代抚养的成长背景，造成小米的情感支持缺失和经济依赖压力。

2. 地域文化适应障碍

小米首次离开新疆独立生活，语言、生活习惯差异加剧了心理隔阂与孤独感。

3. 价值观受现实压力冲击

小米经济拮据迫使短期生存需求大于学业发展，形成"退学养家"的片面认知。

4. 情感表达方式受限

小米长期压抑真实情绪，习惯以"表面乐观"掩饰内心脆弱，缺乏倾诉渠道。

5. Z世代群体特征影响

在信息爆炸环境下，社会过度关注个体独立性却忽视求助资源，加剧了Z世代个体的自我封闭倾向。

三、辅导方案

（一）实施"心理疏导＋经济帮扶"双轨策略

通过一对一心理咨询疏导小米的心理压抑，引导其表达情感、正视家庭压力。同时，主动对接学校资源，为其申请助学金和勤工俭学岗位，缓解其经济压力，稳定其学业信心。

（二）构建"观察—干预—跟踪"动态支持体系

1.日常观察与干预

通过室友的关注和行为观察，如发现小米时常有独坐长椅，眼神透露孤独和迷茫的行为，则辅导员及时介入沟通，结合定期谈心谈话，动态掌握其心理变化。

2.违纪事件处理与跟进

在违纪事件后，既对小米进行批评教育，又挖掘其违纪的深层原因，持续跟进其改善情况。

（三）搭建多元化成长平台促进融入

1.鼓励参与实践活动

鼓励小米参与演讲比赛、志愿服务等活动，通过实践展示其性格上吃苦耐劳、坚韧不拔的优势。

2.引导其接纳地域文化差异

肯定小米新疆口音的独特性，逐步打破其自我封闭状态，增强其集体归属感。

（四）强化正向激励与价值观引导

1.语言肯定与自信建立

持续以"你很优秀""与众不同"等语言肯定，帮助小米建立自信。

2.结合征兵宣传契机

将个人成长与国家使命联结，激发小米责任感与荣誉感，扭转"退学养家"的消极认知。

（五）整合资源助力生涯规划

1.参军志向专项支持

针对小米的参军志向，主动联系征兵办公室，提供政策解读、考核指导等专项支持。

2.榜样塑造

通过"新疆好男儿"形象塑造，强化其身份认同，最终帮助其实现"从蜘蛛侠到航空兵"的蜕变。

四、育人感悟

小米的故事，是我作为一名Z世代辅导员育人之旅的一个缩影。在与Z世代学生相处的过程中，我深刻感受到他们的特点和需求。他们渴望被理解、被关爱，需要更多的引导和支持。小米"从蜘蛛侠到航空兵"的蜕变之旅，使我感触颇深。

（一）理解学生的独特性

Z世代的学生个性鲜明，每个人都有自己的想法和追求。作为辅导员，我们需要尊重他们的个性差异，理解他们的独特需求。在与小米相处的过程中，我逐渐发现了他对军事的热爱和对国家的忠诚。正是这份热爱和忠诚，让他最终选择成为一名航空兵。因此，在育人过程中，我们要善于发现学生的闪光点，引导他们发挥自身优势，实现自我价值。

（二）关注学生的心理健康

Z世代的学生面临着前所未有的竞争压力和社会压力，心理健康问题日益凸显。作为辅导员，我们需要具备一定的心理学知识和心理辅导技能，以便及时发现和解决学生的心理问题。在与小米相处的过程中，我时刻关注他的情绪变化，及时给予鼓励和支持。当他遇到困难时，我会耐心倾听他的诉说，帮助他分析问题、解决问题。正是这份关爱和支持，让他逐渐走出困境、迈向成功。

（三）提供多样化的成长平台

Z世代的学生追求多元发展，渴望在各个领域展示自己的才华。作为辅导员，我们需要为学生提供多样化的成长平台和机会，帮助他们实现自我价值和社会价值。在小米的成长过程中，我鼓励他参加社会实践活动和志愿服务活动，培养他的社会责任感和奉献精神。正是这些多样化的成长平台和机会，让小米逐渐成长为一名优秀的航空兵。

（四）不断更新教育理念和方法

Z世代的学生生活在一个信息爆炸的时代，获取知识的途径更加多样化。因此，作为辅导员，我们需要不断学习新知识、新技能，以更好地满足学生的求知欲和好奇心。在与小米相处的过程中，我不断尝试新的教育方法和手段，如利用网络平台进行在线辅导、组织小组讨论和角色扮演等活动。这些新的教育方法和手段不仅提高了学生的学习兴趣和积极性，也促进了师生之间的交流和互动。

五、案例小结

本案例聚焦于学生小米的成长历程，反映了辅导员工作中学生普遍存在的问题。小米是一名来自新疆的维吾尔族大学生，成长于父母离异、由祖辈抚养的家庭环境。因经济拮据、地域文化差异及情感压抑，他在初入大学时面临多重困境：违反校规翻窗晚归、心理敏感孤独、产生退学打工倾向、人际交往封闭及自我认同缺失。

针对这些问题，辅导员采取了"双轨支持"策略，同步推进心理疏导与经济帮扶。通过定期谈心，挖掘其违纪行为背后的深层动机，如经济压力与情感压抑，并协助其申请助学金与勤工俭学岗位，缓解其现实压力。同时，通过演讲比赛、志愿服务等活动，帮助小米展示吃苦耐劳的优势，逐步建立自信。在价值观引导方面，辅导员结合小米的参军志向，以征兵宣传为契机，将个人成长与国家使命联结，激发其责任感，并联动征兵办公室提供专项指导，塑造"新疆好男儿"的榜样身份。最终，小米完成了"从蜘蛛侠到航空兵"的蜕变，实现了行为改善、心理重建、经济稳定及生涯跃升。

展望未来，我们需进一步深化心理健康机制，如建立Z世代心理档案；优化经济援助体系，如引入社会资源；加强文化融合教育，如开展跨文化适应培训；创新教育方法，如利用短视频、虚拟现实等媒介。通过更精准、多元的方式回应Z世代学生的成长需求，为其提供更具韧性的支持网络与更广阔的发展空间。

Z世代辅导员育人故事五
——学生成长历程中的陪伴与支持

一、案例故事

辅导员工作充满挑战与机遇，它不仅让我接触到形形色色的学生，也让我得以窥见他们丰富的内心世界。这份工作不仅是一种职业，更是一段宝贵的人生经历。在多年的辅导员生涯中，我学会了倾听、理解和引导，见证了学生的成长与变化，并深信教育能够激发潜能、塑造未来。

我满怀热情地投入工作，愿为学生的成长贡献力量。我相信，通过不懈努力和持续学习，我能够成为一名更优秀的辅导员。在职业生涯中，我遇到了许多学生，他们各自面临着不同的困扰。令人欣慰的是，在我的引导下，多数学生逐渐适应了大学生活，浩子便是其中之一。他的成长历程并不平凡，他的故事启示我们如何引导学生克服困难、适应大学生活。

（一）初识与印象

秋日阳光明媚，新学期的气息弥漫在校园中，新生们如绿苗般带着梦想走进大学。作为辅导员，我迎接着一批批学生，解答问题，指导他们办理入学手续。在热闹与忙碌中，我的目光落在了浩子身上。

浩子的外貌并不引人注目，但他那种与周围格格不入的气质让我无法忽视。他穿着背心，露出深色纹身，身形魁梧却不张扬。相比于其他与家人热烈交谈的新生，浩子显得孤单，独自站在人群后，目光游离，对一切都缺乏兴趣，浑身散发着疏离感。他站立的位置总是与人保持着距离，有意避免与他人过多接触。这种孤独和冷漠的气质，让我强烈感觉到这个孩子有着自己的世界，他可能不爱融入群体。马克思认为"人的本质不是单个人所固有的抽象物，在其现实性上，它是一切社会关系的总和"[①]。离开群体生活，人就会失去其"社会性"，严重阻碍其成长。因此，引导浩子尽可能融入集体就显得格外重要。

我经常会遇到一些性格内向、话语不多的学生，他们因各种原因显得与周围人格格不入。浩子似乎正是这样一个典型例子。没有家人陪伴，没有朋友在身边，他孤独地面对着即将开始的大学生活。我对他产生了一些担忧。这样一个孤单的孩子，能否适应新环境？会遇到什么困难？能否在大学这个新环境中找到自己的位置？

回到办公室后，我忍不住想要更多地了解这个学生。作为辅导员，我需要关注学生的学业和生活状态，也要了解他们的个性和心理状况。于

[①] 中共中央马克思恩格斯列宁斯大林著作编译局. 马克思恩格斯选集：第一卷[M]. 北京：人民出版社，2012：139.

是，我打开了浩子的朋友圈，试图窥见他内心的真实想法。

第一页的朋友圈照片让我略感震惊。浩子独自站在街头，背影孤单，仿佛与世界背道而驰。他身穿黑色衣服，手插裤兜，目光低垂，背对着镜头，周围街景模糊，仿佛置身于虚无世界。照片背景色调偏暗，给人沉郁压抑之感。我不禁产生疑问：浩子是不是正在经历内心的困惑和痛苦？家庭背景是否给他带来了压力？是否有情感波动让他在新环境中感到不安？

朋友圈中的内容透露出浩子对生活的看法。他没有太多的社交互动，状态相对封闭，几乎没有分享过喜悦的瞬间。我猜测，浩子可能有难以言说的痛苦，或是对生活现状产生了困扰。虽然他并未明确表达具体的困难，但从其分享的内容来看，他似乎不太愿意向外界展示自己的内心世界，甚至表现出一定程度的自我封闭。或许他不愿意向外界展示脆弱，或是某些经历使他对生活产生了不信任。

从朋友圈的内容中，我隐约捕捉到一个重要的线索，那就是家庭对他的影响。从一些言语和照片中，我可以感受到浩子似乎并未得到足够的家庭支持，他与家人的关系可能并不和谐。他的孤独感，或许正是源于家庭的某种缺失。浩子穿着背心、展示纹身，以及在社交网络中的封闭态度，似乎都在用一种叛逆的方式，试图摆脱某种他无法摆脱的家庭阴影。

基于这些观察，我开始思考，作为辅导员，我该如何帮助浩子走出内心的孤独，重新找到自己的位置。我相信，在浩子的内心深处，一定藏着未曾被发掘的光芒。只要我们给予他足够的耐心和关怀，或许他就能打开心扉，重新找回属于他的阳光。

（二）军训动员大会上的再次交集

大学生活初期是新生适应新环境的关键阶段，这一阶段既充满新鲜感，也伴随着诸多挑战。对于浩子而言，这段适应期显然并不轻松。作为辅导员，我深知自己不仅是学生生活的管理者，更是他们成长的引导者，需要特别关注他们的心理状态和情感需求。

军训是新生进入大学后的第一堂课，也是他们步入成人世界的重要一步。在军训动员大会当天，所有新生汇聚在操场，参加这场意义深远的动员大会。我的任务是确保大会顺利进行，并观察每位学生，尤其是那些表现不同寻常的学生，确保他们能适应新环境并找到自己的定位。

大会还未正式开始，浩子便举手向教官示意，称自己因"低血糖"无法久坐。教官安排他到见习区域休息。然而，浩子的表现让我更加在意。他坐下后不久便掏出手机，屏幕的光芒与他的姿态形成鲜明对比。大部分新生在认真听讲或与同学交谈，场面热闹而充满活力，但浩子却显得有些孤独，目光盯着手机，仿佛外界与他无关。

看到这一幕，我心中一紧。我深知，许多新生初入大学时都会面临心理上的巨大变化和挑战。浩子的行为或许是他内心孤独的外在表现，或许他还没有找到自己在新环境中的定位。我走到他身边，轻声问道："手机好玩吗？"我的语气并不严厉，只是想借此打破他与周围环境的隔阂。然而，浩子的反应让我有些吃惊。他狠狠地瞪了我一眼，眼中透露出抗拒与不耐烦。也许他并不愿意被打扰，对这种突如其来的关心感到陌生和排斥。但他还是忍住了情绪，默默将手机收了起来，安静地坐在那里，眼神空洞地注视着主席台上的讲演人。

看着浩子的神情，我的心情变得复杂。他的眼神中透露出深深的疲惫和空虚，仿佛对眼前的一切都失去了兴趣。我突然意识到，这个孩子或许背负着某种情感上的困扰，可能是孤独、对过去的沉重记忆，或是对未来的迷茫。这种情绪，或许只有通过真正的关怀才能有所缓解。

大会的气氛逐渐严肃，但我依然无法忽视浩子低垂的眼神。在大会间隙，我决定采取一些行动。我记得他曾提到早上没吃早餐，身体有些低血糖，于是我离开会场，到便利店买了一瓶娃哈哈饮料。我并不指望这瓶饮料能解决浩子的所有问题，但它或许能传递出一些温暖，让他感受到来自他人的关心。

我拿着饮料走回浩子身边，轻轻递给他并说道："你说低血糖，喝点这个吧，补充一下。"我的语气柔和，尽量让自己显得不那么突兀。浩子接过饮料时，眼神中闪过一丝疑惑，似乎没有想到我会在这个场合主动递给他饮料。他缓缓接过，低头喝了一口。在那一瞬间，我看到他的眼神有了些许变化，曾经的空洞和冷漠逐渐消失，取而代之的是一丝淡淡的感激。

军训动员大会结束后，学生们开始了紧张的军训生活。然而，浩子依然给我一种"局外人"的感觉。他并不像其他新生那样投入其中，反而更像是一个旁观者。

然而，当天晚些时候，我突然收到了浩子的微信消息。他告诉我晚上会迟到几分钟，并发来了一张他在理发店的照片，头发已经被染成了明亮的黄色。对于这个举动，我有些惊讶。我一直以为浩子会是那种不太愿意轻易改变自己形象的学生，但他的这个决定或许并不是简单的冲动行为，而是一种自我重塑的尝试。也许，他正在试图通过改变外表来突破过去的束缚，寻找一个全新的自我。

从第一次见到浩子到现在，时间虽短，但我见证了他从最初的冷漠与隔离，到渐渐展现出一些微小但重要的变化。每个人的成长之路都不尽相同，作为辅导员，我的任务就是在这些看似细微的变化中，找到帮助学生走出困境、实现自我成长的机会。我相信，浩子会找到自己的方向，走出过去的阴影，迎接更加光明的未来。在未来的日子里，我会继续关注他的成长，在他迷茫时给予指引。

（三）浩子的发烧与我的关怀

浩子朋友圈的背景图片中，一个小孩孤独地坐着，游离于人群之外，这让我感到莫名的沉重。每当我回想起这张图片，都会不由自主地联想起浩子的故事。他的成长轨迹与我作为辅导员的职责，似乎有了某种交集。

我与浩子的深入交流，发生在一个军训后的寒冷日子里。气温骤降，温差较大，浩子没能适应当地的气候变化，发烧了。那天，他走进我的办公室，脸色苍白，双眼无神，步伐沉重。看到他这副模样，我不禁皱起眉头。他低声说道："胡老师，我可能感冒了，想请个假休息一下。"

我让他坐下，看着他虚弱的样子，心生怜悯。大学生活的第一天，所有新生都在拼尽全力适应新环境，而浩子似乎总是一个人孤军奋战。这身体上的不适，似乎也在他内心深处激起了更多的孤单和不安。

"你今天的状态不太好，先休息吧。"我一边说着，一边从抽屉里拿出一包小柴胡颗粒，"这个对缓解感冒症状有点帮助，先喝点，等身体稍微恢复一些再回去休息。"

浩子接过药包，眼神中闪过一丝复杂的情感。沉默了几秒钟，他才缓缓开口："胡老师，你想知道我为什么会在肩膀上纹这么大一片纹身吗？"

这句话犹如一道闪电，击中了我的内心。浩子的语气不再是冷漠或敷衍，而是一种隐隐的期待。我感受到，或许这是一次真正了解浩子内心的机会。

我让浩子坐到沙发上，轻声说道："如果你愿意，咱们可以坐下来聊聊。"浩子轻轻点了点头，眼神依然复杂，但对这次交流没有表现出任何抗拒。

浩子开始缓缓讲述他的过去。他的故事并不像许多学生那样简单。他曾是一名品学兼优的好学生，家庭富裕，父母疼爱，未来充满了希望。他梦想着考入军校，成为一名军人，保家卫国。然而，疫情的到来改变了一切。家里的生意崩塌，父亲选择高价倒卖口罩，但很快被公安机关依法抓捕，并被判处两年有期徒刑。自此，浩子的家庭陷入了困境，他的未来也仿佛随之破碎。

"我一直没办法接受这个事实，"浩子低声说着，眼神中闪过一丝失落。"我一直在想，如果父亲没有做那个决定，我们家的生活会是什么样？他被抓走的那一刻，我整个人都麻木了。"

父亲的入狱让浩子彻底陷入了迷茫。他失去了方向，曾经的梦想和雄心如同泡沫一样破灭。他不再对学习有任何兴趣，转而通过体育特长生的方式进入学校，但他内心的空虚和迷茫并没有因此消失。

更糟糕的是，他沉迷于电子游戏，以此逃避现实。随着时间的推移，他渐渐意识到，自己再也变不回曾经那个积极、充满热情的自己。于是，他选择在肩膀上纹上一片纹身，试图通过这种方式向过去的自己告别。

浩子的话题并没有结束。随着谈话的深入，我渐渐了解到，他内心的创伤远远超出了我的想象。他选择将这些伤痛深藏心底，甚至通过叛逆的行为来遮掩内心的不安和无助。

"辅导员，我做错了吗？"浩子忽然问道，眼神中充满了迷茫和渴求。我理解他的困惑与无助，轻轻拍了拍他的肩膀，缓缓说道："浩子，没有谁的人生是完美的，也没有谁的一生是毫无迷茫的。你所经历的这些变化，会让你变得更加坚强。你有许多优点，特别是在体育方面，你展现出了非常优秀的天赋。你可以试着去找到自己真正感兴趣的方向，未来会比你想象的更加光明。"

浩子沉默了许久，低下头看着自己那片纹身，似乎在思索我的话。最终，他轻轻点了点头，眼神中透露出一丝释然和希望。

那次谈话，成为我们之间的一个转折点。从此以后，我不再只是一名辅导员，更成为他人生中一个可以信任的倾听者。浩子的故事，让我更加深刻地认识到，作为一名辅导员，我不仅是一名管理者，还是一名心灵导师。

（四）浩子的积极变化

那次长谈后，我对浩子有了更深的理解。我看到了他的痛苦、迷茫，也看到了他对未来的渴望。浩子的故事触动了我，更让我感受到作为辅导员的责任感。

浩子的成长背后有一段不为人知的故事，他的过去充满困惑与痛苦，但他仍拥有无穷潜力，只是需要一个合适的方向和平台。我有责任帮助他找到属于自己的道路，激发他内心深处的动力。

面对浩子的迷茫，我一直在思考该如何帮他找到一个既能发掘兴趣又能展现潜力的方向。作为大学生，浩子正处于人生的关键阶段，如何定位自己、规划未来，是他必须面对的问题。在综合考虑多种可能性后，我向他提出了攀岩的建议。

我之所以选择攀岩，首先，是因为浩子在体育方面具有极强的天赋，拥有良好的身体素质，擅长多种运动。攀岩不仅能锻炼体能，更能培养坚韧的意志力、挑战自我的勇气和超越极限的决心，这些正是浩子所欠缺的。

其次，攀岩是一项新兴运动，在国内的关注度逐年上升，尤其在少儿体适能项目中得到了广泛应用。随着少儿体育教育的不断发展，攀岩正成为越来越多学校和教育机构的热门课程。浩子可以凭借攀岩的优势，进入这一新兴领域，成为少儿攀岩教育工作者，为更多孩子带来乐趣和成长。

我与浩子进行了深入沟通，详细介绍了攀岩的优势及其在未来教育领域的潜力。我告诉他，攀岩不仅能增强体能、提高自信心，还能培养耐心、意志力和解决问题的能力。在少儿教育中，攀岩能帮助孩子体会克服困难的成就感，提高身体协调性和团队合作精神。这些都是未来教育工作者必备的素质，浩子可以借助攀岩为自己开辟一条新的道路。

听完我的建议，浩子沉思片刻后露出了久违的微笑，表示对攀岩产生了浓厚兴趣，并愿意尝试。我非常高兴，这意味着他找到了新的方向，愿意通过努力实现目标，探索人生的更多可能性。

浩子的转变并非一蹴而就。他加入了学校攀岩队，初时进展并不明显，攀岩对他来说是一项全新的挑战。每一次攀登都需要在极限环境下挑战体力和耐力，每一次失败都要面对心理上的挫折。然而，他没有放弃，在不断挫折中找到了突破点。每当攀上新高度，他都会感受到前所未有的成就感，这种成就感不仅来自身体的突破，更来自内心深处对自我的认可。

随着攀岩技能的不断提升，浩子的自信心也逐渐恢复。他更加积极地参与学校活动，融入班级和同学的集体生活。曾经沉默寡言、冷漠无情的他，变得开朗、热情，主动分享攀岩经验和心得。他的攀岩训练取得了显著进展，未来的职业规划也逐渐清晰。

一段时间后，浩子透露，他想要成为一名少儿攀岩教育工作者，帮助更多孩子通过攀岩锻炼身体、培养毅力与自信。他表示，攀岩不仅改变了自己的生活，也给了他新的使命感，他希望将这种力量传递给更多的孩子。

浩子不断努力，从学校攀岩队的普通成员成长为骨干之一。他在攀岩上的成绩越来越突出，在校内比赛中取得了优异成绩，还开始参加专业赛事，积累了不少经验。同时，他积极学习少儿体适能相关课程，为未来的职业规划做准备。他已不再是对未来迷茫的少年，而是一个有明确目标并为之努力奋斗的年轻人。

有一次，浩子在攀岩队训练结束后，满脸疲惫却带着灿烂的笑容走到我面前，兴奋地告诉我，他终于成功挑战了之前一直无法突破的攀登难度。他说："辅导员，我很高兴，攀岩给我带来了前所未有的感觉，就像是一次心灵的升华。我现在不仅能够征服岩壁，也能够重新认识自己，找到自己的价值。"

浩子的进步不仅是体能的提升，更重要的是通过攀岩重塑了对生活的态度和对未来的信心。他已从迷茫的少年成长为充满动力、对未来充满希望的年轻人。

浩子的转变让我深刻体会到，教育不仅是传授知识，更是帮助学生发现兴趣、激发潜能，让他们在面对生活上的挑战时坚持选择、勇敢追求梦想。

回顾浩子的成长历程，我感到无比欣慰。作为辅导员，我见证了他从迷茫到坚强、从无助到自信的蜕变。虽然这一路上有许多坎坷，但他通过不断努力和坚持，最终找到了属于自己的道路。这一切源于他愿意尝试、愿意改变的勇气，以及学校提供的丰富资源和指导。

浩子的变化不仅是他个人的成功，也是我作为辅导员的一次深刻教育体验。教育的真正意义不在于简单地传授知识，而在于引导学生认识自我、发现潜力，帮助他们在纷繁复杂的世界中找到属于自己的光芒。对于浩子来说，攀岩不仅是一项运动，更是他人生的转折点，帮助他从困境中走出并找到新的方向。

未来的浩子或许会成为一名优秀的少儿攀岩教育工作者，在这条路上不断突破自我，成就更多的孩子。而作为辅导员的我，将继续陪伴他，见证他的成长，帮助他更好地应对人生挑战。

二、问题分析

（一）存在的问题

1.外在行为叛逆性凸显

浩子通过纹身、染发等外显方式（如肩部大面积纹身、染黄发），表达对现实的抗拒，试图掩盖内心的迷茫。

2.心理封闭与情感压抑

浩子长期自我孤立，朋友圈呈现出孤独意象（如黑暗风格照片），缺乏主动倾诉意愿，对他人关怀存在戒备心理。

3.学业目标缺失与价值观混乱

浩子因家庭变故对学业失去兴趣，沉迷游戏，逃避现实，缺乏明确的生涯规划与奋斗动力。

4.社交融入障碍

浩子刻意与同学保持距离，在军训动员会上独坐、避免互动，表现出"局外人"状态，集体归属感薄弱。

5.抗挫折能力薄弱

浩子因父亲入狱等打击陷入长期消沉，未能有效调适心理落差，陷入自我否定的循环。

（二）造成问题的原因

1.家庭结构剧变的负面影响

浩子父亲犯罪入狱导致家庭经济崩塌、社会地位骤降，引发了浩子的羞耻感与自我价值崩塌。

2.重大创伤事件的持续性冲击

疫情后的家庭变故成为浩子的心理转折点，理想的破灭导致浩子的存在意义迷失。

3.非适应性应对机制固化

浩子通过纹身、游戏成瘾等行为逃避现实，形成"叛逆外壳"，与外界建立情感隔离带。

4.自我认同存在危机

浩子从"优等生"到"体育特长生"的身份转换中，未能重构个人价值定位，陷入身份认同困境。

5.潜能未被激活的成长停滞

浩子的体育天赋（如体能优势）未被转化为正向发展动力，缺乏兴趣引导与成就体验支撑。

三、辅导方案

（一）共情式关怀建立信任纽带

通过主动观察（如发现浩子军训独坐、朋友圈孤独意象等），及时介入，以非评判性关怀（如递饮料、赠药）打破其心理防御，逐步建立信任关系。利用生病契机引导其深度倾诉，发现家庭变故、理想破灭等核心创伤，为后续干预奠定基础。

（二）兴趣导向的潜能激活前进动能

基于浩子的体育特长与心理需求，针对性建议浩子将攀岩作为发展载体。通过攀岩训练中的挑战与突破（如征服高难度岩壁），重塑其抗挫折能力与自我效能感，将体能优势转化为正向成长动能。

（三）价值观重构与生涯规划

结合攀岩运动特性（如培养意志力、团队协作等）与少儿体适能教育趋势，引导浩子将个人兴趣升华为职业理想。帮助其制订学习计划和实践路径，以明确目标取代迷茫状态。

（四）渐进式社交融入支持

创造集体参与机会（如加入攀岩队和参与校内比赛），通过团队协作与经验分享促使浩子主动打开社交圈。利用攀岩成绩获得同伴认可（如分享训练心得），逐步消解"局外人"身份认知，增强集体归属感。

（五）持续跟踪与成长见证机制

建立长期沟通渠道（如训练后主动反馈进展），通过阶段性目标的达成增强其自信心。以"职业导师"身份协助规划进阶路径（如考取少儿教育资质），形成"兴趣—能力—价值"闭环，巩固转型成果。

四、育人感悟

浩子的转变历程揭示，育人工作是一场从破冰到共生的旅程。在陪伴其跨越心理鸿沟、重构生命意义的过程中，我深刻体悟到教育的多维度力量。

（一）被理解是蜕变的起点，细微关怀能撬动心门

浩子从抗拒到倾诉的转变证明，学生叛逆的外壳往往包裹着未被看见的渴望。一次递饮料的微小关怀，一场病中赠药的温暖互动，这些非言语的善意比说教更能穿透心理防线。

（二）兴趣是黑暗里的火种，照亮自我救赎之路

攀岩不仅是一项运动，更是浩子重构生命意义的载体。当他在岩壁

上征服一个个难点时，肌肉的酸痛与精神的觉醒同步发生——身体的突破成为治愈心理创伤的良药。这启示我们，教育应善于将学生的特长转化为"体验式疗愈"，让兴趣成为撬动成长的支点。

（三）身份重构需要新叙事，职业愿景重塑存在价值

从逃避现实的"纹身少年"到少儿攀岩教育工作者的转变，本质是人生脚本的重写。帮助浩子将攀岩技能与教育使命结合，实则是引导其用"我能帮助谁"替代"我遭遇过什么"。这种叙事转换，让创伤经历升华为职业理想，重新锚定生命的意义坐标。

（四）集体是隐形的药方，归属感催生内在力量

学校攀岩队的协作训练、赛事中的掌声，这些集体场景悄然瓦解了浩子的"局外人"标签。当他在团队中分享攀岩技巧时，疏离感逐渐被成就感取代。这说明教育需要创造"被需要"的集体情境，让归属感成为治愈孤独的良药。

（五）教育是双向滋养，守望者也在被成长照亮

浩子的蜕变让我重新审视辅导员角色——我们不仅是指导者，更是被学生勇气滋养的同行者。他攀岩时的坚韧反哺着我的职业信念，这种双向成长，让育人工作超越职责，成为辅导员与学生共同的精神远征。

五、案例小结

本案例主要聚焦于大学生浩子，他因家庭剧变陷入心理危机，初期表现出叛逆行为、心理封闭、社交孤立及学业迷茫等问题。具体表现为：以

叛逆行为掩盖内心迷茫、因家庭创伤导致自我压抑、在个人发展中缺乏目标与抗挫折能力、在社交中固化"局外人"身份。

针对这些问题，辅导员采取了以下干预措施：通过递饮料、病中赠药等共情式关怀打破其心理防御，逐步建立信任关系；基于其体育特长，引导其参与攀岩训练，通过身体的突破实现心理创伤的"具身化疗愈"；将攀岩技能与少儿体适能教育趋势结合，帮助其从"我遭遇了什么"转向"我能帮助谁"，重构职业使命感。经辅导员干预后，浩子取得了显著转变：停止逃避行为，积极参与攀岩队活动并荣获比赛奖项；主动分享成长经历，情感表达更加开放自然；明确成为少儿攀岩教育工作者的职业目标，并开始备考相关资质。本案例体现了"创伤修复—潜能激活—价值重塑"的育人逻辑：微小善意可穿透心理壁垒、身体实践可实现心理重建、职业愿景可替代创伤叙事、团队归属可消解孤独情绪。

面向未来，辅导员可进一步完善"心理—兴趣—职业"三维支持体系：设计协作型体育活动强化群体疗愈；如运用VR（Virtual Reality，虚拟现实技术，缩写为VR）、攀岩模拟器等技术工具增强辅导沉浸感；搭建高校与少儿教育机构的合作平台，为学生提供实践出口，让更多的"浩子"在身体与心灵的双重攀登中找到人生支点。

Z世代辅导员育人故事六
——小旭的蜕变

一、案例故事

（一）遇见Z世代大学生

在学生的心目中，我并非被视为"20世纪的封建余孽"，而是他们信赖的"大师兄"和"大哥"。我们之间并不存在难以逾越的代沟，共同探索着Z世代的新媒体与多元网络世界。网络往往让人联想到"游戏"和"网瘾"，学生们进入大学后，摆脱了高中时期的束缚，很容易沉迷于游戏之中。

每当夏季迎新之际，我总会感慨时光如梭，仿佛过去的一年就在眼前。新生来自五湖四海，经过十余年的寒窗苦读，终于踏入了大学的校门。四年之后，他们将面临新的选择：是继续深造，还是踏入社会？

在这个竞争激烈的社会中，内卷现象日益严重。尽管我们经常强调内卷的负面影响，但学生的自身发展不能停滞。我经常告诫学生们，要不断丰富自己的知识储备，才能在激烈的竞争中脱颖而出，或者选择走差异化竞争的道路。

我的第一批毕业班学生中，有的已经走上了理想的工作岗位，有的则选择了继续深造。我衷心希望新生也能像他们的师兄师姐一样，在大学期间丰富自己的知识，勇于实践。未来，无论他们选择哪条道路，都能够自给自足，过上丰衣足食的生活。这是我对他们的殷切期望，也是对他们美好未来的深深祝福。

（二）新生报到，内向少年引关注

接手这批新生不久，一个特别的男生就引起了我的注意。他站在路口的角落里，头戴耳机，手指在手机屏幕上飞快地滑动，面部表情因专注而略显"狰狞"。显然，这是一位手游"达人"。游戏结束后，他摇摇晃晃地走向报到点，从皱巴巴的档案袋里掏出报到材料。他叫小旭，来自湖北。在简短的交流中，我感受到了他的内向和沉默。但我相信，集体生活或许能给他带来一些改变。

军训的第一天，我走进学生寝室，想看看他们如何适应大学生活的新环境。寝室里，新生们充满活力，有的在洗漱，有的在追剧，有的在与家人或朋友聊天，还有的正在享受宵夜。当我推开小旭所在的寝室门时，发现六个少年正沉浸在王者荣耀的对战中。他们见到我，立刻整齐地放下手机问好。我并没有责备他们，只是提醒他们要注意休息，毕竟第二天还要军训。离开时，我思考着是否应该劝他们少玩游戏，但转念一想，游戏也是他们社交的一种方式，是Z世代的特有标签，这也许就是青春不可或缺的一部分。

然而，军训没几天，小旭就给我出了个难题。我发完通知后，他竟重复询问。我原以为是网络延迟导致的，但他却通过微信再次提出同样的问题。我意识到，这是典型的"伸手党""张口党"行为，也是在当下学生中普遍存在的一个问题。我截图并标注时间回复他，他顿时哑口无言。军训期间，他又多次犯下不看通知就提问的毛病，同学们对他的行为表示了不满。

为了解决这个问题，我在一次班会上向学生指出，大学生与初高中生的最大区别之一在于自主探索与探究能力的培养。大学是迈入社会前的最后一站，这里不再有初高中时期的包容和溺爱。大学教育与义务教育和高中教育不同，它更注重学生的自觉性和主动性。离开家庭，来到学校，学生们脱离了父母的唠叨和约束，必须学会自律和自我探索。

作为辅导员，我乐于为学生解决问题，但我希望他们在阅读通知时更加细心。如果有疑问，欢迎随时向我咨询。同时，我也希望他们在日常使用手机和电脑时，不仅限于娱乐，而是能够充分利用这些工具解决学习和生活中的实际问题。毕竟，他们已经成年，是真正意义上的独立个体。这不仅是对小旭的提醒，更是对所有与他一样懵懂、正在成长中的青少年们的期望。

（三）违纪频出，新式教育初显效

军训的时光匆匆流逝，小旭和新生很快就融入了校园环境，形成了以寝室为核心的社交圈。随着十一长假的结束，新生课程正式拉开序幕。教学计划为新生预留了充裕的时间，以便他们了解学科特征、专业特点及自身能力，这是高中生活与大学生活的重要区别之一。然而，就在一切看似井然有序的时候，小旭的问题却悄然浮现。

某个周一，我在审阅各小组上课考勤记录时，发现小旭一周内请假三节，还旷课了一节。这让我感到十分诧异，因为我记得他上周并未向我请假。询问班长后得知，小旭声称自己生病了。但回想起上周四在校小吃街看到他与室友谈笑风生的情景，我心中不禁生疑。更让我不满的是，他似乎忽略了晚点名班会上强调的"先请假，领假条"的规定。于是，我第一次将小旭叫到了办公室。

我提醒他，根据学校的学生管理手册，累计旷课达到一定课时量将受到处分。面对我的质问，小旭低头不语，似乎默认了自己的违规行为。我接着强调了请假的正确程序，并询问他上周缺席的课程都在做什么。小旭支吾着回答说在寝室休息。这个解释虽然合逻辑，但我的直觉告诉我事情并不简单。在对他进行批评教育并让他做出检讨后，我决定对他展开进一步的调查。

某天中午，当我在食堂吃饭时，小旭的理论课老师向我反映情况。我从老师那里得知，小旭虽然回到了课堂，但总是没精打采，低头玩手机。他的作业答非所问，而且在小组作业中，组员们也反映他出工不出力。当天下午，小旭第二次来到我的办公室。我强忍着怒火，与他进行了交流。我指出他在小组作业中的甩手掌柜行为，质问他如果没人愿意合作，他打算如何完成作业。小旭支吾着说自己"好像不会"。我差点被他的回答气笑，提醒他可以利用百度、知网等资源来辅助学习。我让他重新完成作业，并决定联系他的父亲。

翻阅学生档案后，我拨通了小旭父亲的电话。小旭的父亲是一位勤恳的工厂工人，他在电话那头听到了我对小旭情况的反馈，无奈地叹了口气。他告诉我，小旭是家里的独生子，家里一直都很宠他。小旭心地善良，但沉迷于网络游戏，甚至找成年邻居借账号玩王者荣耀。在家里，小旭没少因为这事被家里说教。小旭的父亲拜托我平时多关注孩子，有问题直接教育或与他电话沟通。

放下电话后，我陷入了沉思。回想起自己当年的奋斗历程，父母含辛茹苦，自己挑灯夜战，只为考入大学，为未来的研究生学习和就业铺平道路。而对于外地的父母来说，送孩子上大学更是一笔巨大的开销。路费、学费和生活费，每一笔都是负担。如果学生在学校里不思进取、躺平享乐，那对得起父母的付出吗？我一度怀疑自己的想法是否过于道德绑架，但理智告诉我，学生努力学习、端正学习态度，是对父母的最好回报，也是对自己多年奋斗的尊重。

小旭的情况让我更加坚信，作为教育者，我们有责任引导学生珍惜大学时光，努力提升自己。这不仅为了自身的职业发展，更为了对得起父母的期望和自己的努力。我希望通过我的努力和引导，小旭能够认识到自己的错误，端正学习态度，不负青春韶华。

然而，小旭的问题远不止旷课。没过几天，就有学生向我反映，小旭向他们借钱且欠钱不还。经过一番了解，我发现小旭将钱充进游戏购买皮肤和月卡，生活费所剩无几，经常靠泡面和室友请客度日。

我登录了王者荣耀微信区，找到了小旭的游戏账号，点进去一看，各种皮肤琳琅满目，游戏段位也是高居我的好友榜首，王者89星，巅峰赛2 050分。这与他糟糕的课堂表现形成了强烈而富有讽刺意味的反差。我第一时间与小旭的父亲说明了情况，并悄悄地帮小旭还了欠款。

然而，问题接踵而至。某天，校园墙上出现了某寝室半夜大吵大闹的举报。我怀疑这个寝室就是小旭所在寝室，于是决定进行一次"夜访"。晚上十一时，我准时上楼，刚走到三楼楼梯口，就听见走廊里爆发出激烈的争吵声。顺着声音寻去，正是小旭的寝室，吵架的当事一方正是小旭。

经过调解后，我将涉事双方请到了办公室，还原了事情经过。原来，开课后，大家都在晚上十时三十分左右熄灯睡觉，而小旭仍坚持每日"挑灯夜战"打游戏且连麦指挥队友，战局失利时还对队友破口大骂，甚至锤击床板泄愤。最严重的一次，他奋力一砸，直接把手机屏幕膜砸个粉碎。室友多次劝阻，他虽有所收敛，但过段时间总会再犯。

时至王者荣耀赛季末，小旭打游戏的时长和频次大幅提升，游戏中的"常胜将军"也变得愈发暴躁。输掉比赛后，他基本都要辱骂队友。室友劝不住，这才爆发了激烈争吵。

小旭的行为已经构成严重违纪，按照学生管理手册和寝室管理办法，完全可以给予处分。我拿出了学生档案和学生管理手册，打算给这个新生一个深刻的教训。然而，我的注意力停留在了小旭的高考成绩上。英语116分在体育院校算是不错的成绩。

身为教育者，我深知教育的根本在于引导而非惩罚。若一味采取惩罚措施，可能会埋没一个潜在的新星，这无疑是一件令人遗憾的事情。经过一夜的深思熟虑，我做出了一个大胆的决定。

次日，我将小旭叫到办公室。我将学生管理手册拍在桌上，直截了当地问他是否承认多次违反校纪校规。小旭明显慌了神，汗珠瞬间从额头渗出。我接着说道："处分的事暂且不谈，我看过你的高考成绩，你的英语似乎还不错？"他眼神中闪过一丝疑惑，微微点头。

"这样吧,我也不希望你的档案中留下处分记录,我想和你打个赌。"小旭瞬间激动起来,眼神中充满了期待。我提出了比试王者荣耀三局两胜的赌约。小旭大为震惊,显然不知道我曾经也是王者荣耀线下赛的"常胜将军"。我郑重其事地回答:"一言为定。"

其实,我的内心也十分忐忑。这种新式"教育"方式前所未闻,年龄上的差距让我在反应速度上必然不如学生。倘若输了,无法起到教育作用,那便得不偿失。但一言既出,驷马难追,比试照常进行。

所幸有惊无险,比赛以我连下两局大获全胜告终。我不知道小旭是否有所放水,但他确实对我的游戏技术佩服得五体投地。我笑道:"其实,游戏和学习本不冲突。"我打开我的游戏账号,让他欣赏配置和过往战绩。在他惊讶之余,我又调出我入职时投递的简历让他观看。上面列出的种种获奖纪录与成就赫然在目,令小旭再度震惊。

我告诉他,游戏与学习若能平衡得当,两者并不冲突。小旭听完后,又紧张了起来,以为我要申请处分。我安慰他说:"你的英语不错,我不希望你的才华就此埋没。我将为你制定一个完整的作息时间表,你只需照办即可。"

我让小旭先回寝室,从当晚起按时睡觉,严禁熄灯后打游戏,并让同寝室的组长监督他。通过这次特别的"教育",我希望小旭能够认识到自己的错误,学会平衡游戏与学习,珍惜大学时光,努力提升自己。作为教育者,我也将不断探索更适合学生的教育方式,引导他们健康成长。

(四)逆袭之旅,少年成长展新篇

三天后,小旭的特训计划正式启动。当我将计划方案递给他时,他的眼神中既有沮丧，又夹杂着疑惑。沮丧的是，计划中的第一项便是每隔一天凌晨六时三十分的晨跑安排，这与他原本设想的轻松学习氛围大相径庭；而疑惑则源于这份计划既让他感到熟悉，又充满了新奇。晨跑的目的并非追求速度与距离，而是为了调整他的作息习惯，锤炼他的意志力。第一次集合时，我等了足足十五分钟，他才揉着惺忪的睡眼出现，但这毕竟是个开始。第二次晨跑，他跑了不到三公里便瘫坐在地上，我鼓励他继续坚持，告诉他跑步是锻炼身心、养成规律作息的好习惯。渐渐地，他适应了这种节奏，甚至在放假期间也坚持打卡晨跑。

第二项是英语学习。我告诉小旭，不要把英语当成一项痛苦的任务，而应将其视为通往更广阔世界的钥匙。他虽然似懂非懂，但内心却渴望着进步。此后，他像换了一个人。班长和组员们反馈，他课余时间经常泡在图书馆学习大学英语四级考试的知识，在寝室里也从曾经的"游戏狂人"变成了"英语卷王"。他的转变影响了周围的同学，营造了良好的学习氛围。

第三项是下午打篮球。篮球不仅能锻炼身体，更重要的是能让小旭从虚拟世界走向现实，学会在线下与团队成员配合。无论是玩游戏还是打篮球，团队配合都至关重要。在篮球场上，他学会了分享、关心他人，逐渐被集体所接纳。新生杯篮球赛时，他作为球队的一员，助力球队挺进半决赛，同学们也重新接纳了他。

随着时间的推移，小旭还为自己安排了额外的计划。一是与家人进行不定时的视频通话，这种敞开心扉的沟通让我感到十分欣慰。二是学习运动康复知识，这一想法源于新生杯篮球赛时，隔壁寝室康复专业的同学为受伤队长迅速处理伤处的情景，同时这也触动了他对腰肌劳损的父亲的关切之心。我对此深表支持，因为康复专业的就业前景十分光明，对他未来的进修和就业都大有裨益。他希望通过学习康复知识，不仅能帮助他人，也能为父亲的腰部劳损找到缓解之法。这种乐于助人的心态，让我看到了他内心的善良和成长。

在我的毕业班学生中，康复专业的就业情况尤为良好。在后疫情时代、人口老龄化、人群亚健康等大背景下，"健康中国""体医融合"等理念深入人心，政策扶持力度不断加大，康复专业的市场需求也日益旺盛。对于小旭而言，虽然他不是康复专业出身，但技多不压身。学习康复知识既是对他现有知识的延伸和拓展，也是将理论转化为实践的最好机会。小旭的逆袭之旅硕果累累。期末考试他一举成名，成功跻身班级前十名。在我看来，小旭是Z世代学生的缩影，代表着新生代年轻人的特质。虽然他有诸多不足，但内心深处那颗善良的心始终闪耀着光芒。我将陪伴他们一同成长、一同进步，见证他们共同展现出新时代青年的风采。

二、问题分析

（一）存在的问题

1.学业表现严重懈怠

小旭频繁旷课，一周内请假三节、旷课一节；作业敷衍了事，答非所问；在小组合作中表现消极，出现"甩手掌柜"行为。

2.沉迷游戏成瘾失控

小旭日均游戏时长远超平均水平，昼夜颠倒打游戏，导致作息混乱、学业荒废。

3.经济管理能力缺失

小旭透支生活费用于游戏充值，购买皮肤、月卡等虚拟物品，缺钱后向同学借钱不还，依赖泡面和他人接济度日。

4.人际交往冲突频发

小旭在寝室深夜打游戏，噪音扰民，引发室友激烈矛盾。

5.自我约束能力薄弱

小旭无视校规，未履行请假程序，缺乏自律，多次承诺改正却反复违规。

（二）造成问题的原因

1.家庭溺爱下的依赖惯性

小旭作为独生子长期被过度保护，形成"伸手党"思维，遇事不主动解决，依赖他人提醒。

2.高中到大学的适应断层

小旭脱离父母管控后，未能建立自主管理机制，将游戏作为释放压力的主要途径。

3.虚拟成就替代现实价值

小旭通过游戏段位和皮肤获取成就感，掩盖现实学业上的挫败感。

4.责任意识与目标感缺失

小旭对父母的经济付出无感知，缺乏职业规划与学习内驱力。

5.情绪调节能力不足

小旭在游戏失利时暴力宣泄，暴露其心理成熟度滞后于生理年龄

三、辅导方案

（一）共情式干预建立信任基础

通过游戏竞技（如王者荣耀对战），打破师生隔阂，展示自身游戏成就，降低小旭的抵触心理。以"赌约"形式替代训斥，激发小旭对教育者的认同感，为后续干预创造接纳空间。

（二）兴趣转化与目标确定策略

将游戏技能（如团队配合意识）迁移至篮球训练，通过新生杯赛事重塑现实成就感。挖掘英语学科潜力，引导其从"游戏狂人"转型为"英语卷王"，以正向竞争替代虚拟沉迷。

（三）行为矫正体系构建

制定晨跑特训计划，通过体能消耗矫正昼夜颠倒的作息。要求寝室长监督熄灯纪律，切断深夜游戏场景。设置阶段性目标（如大学英语四级备考），用充实的日程挤压游戏时间。

（四）责任唤醒与价值重塑

将游戏充值行为与家庭经济压力关联，通过代偿欠款引发小旭的愧疚反思。引导其学习运动康复知识，将个人兴趣与父亲健康需求结合，构建"助人即自助"的价值认知。

（五）社会支持网络搭建

设计集体融入路径。通过篮球赛强化团队归属感，图书馆学习营造朋辈激励氛围，与家人视频通话重建情感联结。提供康复专业就业前景信息，将职业规划与"健康中国"政策相结合，增强目标驱动力，帮助小旭明确未来发展方向。

四、育人感悟

小旭的蜕变历程揭示，育人工作是一场从心门紧闭到心灵绽放的旅程。在陪伴他跨越孤独、重建信念的过程中，我感触颇深。

（一）游戏为桥，破冰需先共情

小旭的转变始于一场王者荣耀的较量。当教育者放下身份隔阂，在虚拟战场与他并肩作战时，叛逆的外壳便会悄然溶解。我认为理解才是教育的通行证，与其对抗Z世代的游戏烙印，不如将其转化为对话的起点，让对抗变成握手。

（二）兴趣为杠，撬动生命新可能

从游戏指挥到篮球场上的助攻王，从皮肤收集者到图书馆的"英语卷王"，小旭的蜕变揭示了教育的智慧在于将沉迷转化为跳板。当虚拟世界的技能与现实目标嫁接，沉溺便成了成长的养料。

（三）规则为锚，重塑自律的肌肉记忆

凌晨六时的晨跑不仅是体能的锤炼，更是对失控生活的格式化。通过强制作息调整、寝室监督机制，小旭在汗水中重建生物钟。教育有时需要成为一把温柔的手术刀，切除惰性病灶，植入自律基因。

(四)责任为帆,驶向价值新大陆

当游戏充值账单与父亲工厂劳损的影像重叠,愧疚感点燃了责任意识;当康复知识学习既能助人又可尽孝,利己与利他完成闭环。这启示我们,青年觉醒需要价值锚点,将个人追求与社会需求焊接,让迷茫找到意义坐标。

(五)共生为网,编织成长支持系统

篮球赛的欢呼、图书馆的翻书声,以及视频通话中父亲的笑脸,这些场景织就了一张救赎之网。教育不是孤岛改造,而是构建生态:用集体归属替代虚拟社交,用朋辈激励对冲游戏诱惑,让每个"小旭"都能在关系网中找到重构自我的支点。

五、案例小结

本案例主要聚焦于学生小旭,他是一名因家庭溺爱而沉迷游戏导致学业荒废的新生,存在游戏成瘾、经济透支、寝室冲突等多重问题。辅导员通过创新性干预策略,成功实现其蜕变。

针对这些问题,辅导员采取了以下措施:以王者荣耀对战打破信任壁垒,展示"学娱平衡"的可能性;将游戏中的团队协作能力迁移至篮球训练,同时挖掘英语潜能,将其转化为学业突破点;通过强制晨跑与寝室监督制度,矫正作息,切断深夜游戏依赖;通过代偿欠款关联家庭经济压力,引导其学习运动康复知识,构建"助人利己"的价值观。干预效果显著:小旭的学业成绩跃升至班级前十名,游戏时间大幅下降,并启动了康复知识学习计划,实现了从虚拟沉溺到现实扎根的转型。此案例体现了

"逆向共情—兴趣迁移—生态重构"的教育逻辑：用学生熟悉的游戏语言打开对话窗口，建立信任；提取沉迷行为中的正向特质，转化为现实发展动能；通过强制性健康活动置换依赖行为，将个人目标与社会需求捆绑，增强内生驱动力。

面向未来，辅导员还可采取以下措施：构建游戏行为筛查系统，实现早期干预；开发电竞思维迁移课程，将游戏策略转化为创新能力；搭建家校消费预警平台，防控经济风险；运用VR技术模拟康复场景，提升学习沉浸感；衔接"健康中国2030"政策，开拓体医融合职业通道，为Z世代学生提供从个体矫治到生态支持的全周期成长方案。

Z世代辅导员育人故事七
——一场以心换心的辅导员育人之旅

一、案例故事

（一）节日相伴，情暖经济困难学生

五月，春风和煦，阳光明媚。在一次偶然的机会中，我结识了一个特别的学生——小健。小健是一名大一新生，他的故事如同一阵微风吹过平静的湖面，在我心中泛起了层层涟漪。

小健的家庭情况特殊，家境贫寒，自幼父母双亡，只留下他和姐姐相依为命。在他的档案中，家庭成员一栏孤零零地写着"姐姐"两个字，简单却沉重。这两个字背后，承载着小健无尽的孤独与坚强。

初次见到小健时，他显得格外沉默寡言，眼神中透露出一丝不易察觉的忧郁。了解了他的家庭背景后，我的心中不禁泛起一阵酸楚。我意识到，这个孩子或许并不需要太多物质上的帮助，但作为老师，我负有一种

责任——用行动去温暖他、鼓励他。我告诉自己，教师不仅是知识的传授者，更是学生心灵的引路人。我要让小健明白，无论生活多么艰难，老师永远不会让经济上的困难绊住他前行的脚步。

于是，我开始主动走近小健，倾听他的烦恼和忧愁。我发现，小健虽然表面坚强，但内心却充满了对亲情的渴望和对未来的迷茫。每逢节假日，其他同学都能回家与亲人团聚，而小健却只能孤零零地留在学校。那份孤独和无助，让我感到心疼。

为了给小健带去更多的温暖和关怀，我决定在每一个他无法归家的节日里，为他送上祝福和陪伴。端午节前夕，我得知小健无法与姐姐团聚，便暗下决心，一定要让这个孩子在节日里感受到家的温暖。

端午节那天，我特意提前下班，带着小健一起回家。路上，我尽量找些轻松的话题与小健聊天，试图缓解他内心的紧张与不安。小健起初有些拘谨，但渐渐地，他开始打开心扉，与我分享他的学习和生活。

到了家里，我的家人已经准备好了包粽子的材料。他们得知小健的情况后，都对这个坚强的大男孩充满了疼惜。我们围坐在一起，一边包粽子一边聊天，节日的气氛渐渐浓厚起来。小健的脸上也浮现出了笑容，话也多了起来。

包粽子的过程中，我特意教小健如何包粽子。他学得非常认真，每一个步骤都一丝不苟。看着他专注的神情，我的心中涌起一股暖流。我想，这或许就是教育的意义吧，不仅是传授知识，更是传递爱与温暖。

开饭时，我从厨房端出了一条清蒸鲈鱼，这是小健姐姐的拿手菜。之前，我特意加了小健姐姐的微信，向她请教了做法。小健一看到鱼，眼圈便红了。我给他盛了米饭，夹了一块鱼腹放到他的碗里，轻声说道："胡老师临时和你姐姐学的，不知道合不合你的口味。以后在学校，你要是愿意就把我当叔叔，想家了就和叔叔说，我给你做你喜欢吃的菜。"

小健低头大口大口地扒着米饭，眼泪在眼眶中打转。他哽咽着说道："谢谢胡老师。"那一刻，我仿佛看到了他内心深处的柔软与脆弱，也感受到了我们之间那份逐渐加深的情谊。

那个端午节，我们度过了一个温馨而难忘的一天。小健在我的家中感受到了家的温暖和亲人的关怀，而我也从他身上学到了坚强与乐观。从那以后，我开始更加关注小健的生活和学习，经常找他谈心，了解他的需求和困难。

随着时间的推移，我和小健之间的关系越来越密切。他不仅将我视为辅导员，更将我当作可以倾诉心事的叔叔。每当他遇到困难和挫折时，都会第一时间来找我倾诉，而我也会尽我所能去帮助他、鼓励他。

（二）爱心助学，叩响学生心门

暑假的时光悄然流逝，转眼间又到了返校的日子。我满怀期待地等待着学生们的归来，尤其是小健，那个自律、坚强又充满潜力的孩子。然而，我却迟迟没有收到他的返校申请材料，心中不禁涌起一丝不安。

我拨通了小健的电话，电话那端传来了他支支吾吾的声音。半响，他才开口说道："胡老师，我不想念了，我想出去工作。"听到这句话，我的心猛地一沉，仿佛被什么东西重重地击了一下。小健是所有老师公认的热爱学习的孩子，他的突然放弃让我感到既意外又痛心。

挂断电话后，我陷入了深深的怅然之中。我不明白，是什么让小健做出了这样的决定。是因为家庭经济条件上的困难？还是因为对未来的迷茫？我思来想去，决定再次联系小健，试图了解他内心的真实想法。

我点开了微信的视频聊天对话框，等待着小健的接通。不一会儿，视频接通了，小健出现在屏幕上。他的眼圈红红的，显然刚刚哭过。看到我，他有些惊讶，随即低下了头，不敢直视摄像头。

我深吸一口气，尽量让自己的语气听起来平和而温暖，但小健却说："你不用劝我了，我想工作了。"他的声音有些沙哑，带着一丝无奈和决绝。

我无言，静静地看着屏幕上的小健。通过视频画面，我越过他的肩膀，看到了他身后书桌上摆着的那些专业书籍，还有几张褪色的奖状。那些奖状记录着小健曾经的辉煌和荣耀，也见证了他的努力和付出。我不禁鼻酸，心中涌起一股难以言喻的情感。

我语重心长地对小健说道："小健，只要你愿意读书，胡老师就陪着你。这些不是帮助，而是胡老师的一个请求。老师知道，像你这样自律的孩子，将来一定会有一个光明的未来。老师希望，等你有能力的时候，能将这份善意传递下去，去帮助那些需要帮助的人。"

小健听着我的话，一直低着头沉默不语。我能感受到他内心的挣扎和矛盾，也能看到他眼眶中的泪水在打转。过了一会儿，他抬起头，看着我，用力地点了点头，声音有些哽咽地说道："胡老师，谢谢你，我想读书。"

听到这句话，我的心中涌起一股暖流。我知道，我已经成功地叩开了小健的心门，让他重新燃起了对学习的热情和希望。

在接下来的日子里，我更加关注小健的学习和生活。我经常找他谈心，了解他的需求和困难，并及时给予帮助和支持。同时，我也鼓励他多参加课外活动和加入社团组织，以拓宽视野、丰富知识面。

在我的帮助下，小健逐渐找回了学习的信心和动力。他变得更加积极和开朗，经常和同学们一起讨论问题、分享心得。他的学习成绩也逐渐提高，成为班级中的佼佼者。

然而，我深知小健的成长之路还很长，他还需要面对更多的挑战和困难。因此，我始终没有减少对他的关注和帮助。我经常利用课余时间为他辅导功课，解答他的疑问；也时常带他参加一些学术讲座和实践活动，以开阔他的眼界和思维。

中秋节前夕，我为同学们准备了月饼，打算在节日里为他们送去一份温暖和关怀。当我把月饼递给小健时，他立刻回递给我一封信。我接过信，打开一看，只见上面写着："胡老师，谢谢你。暑假里我一度很迷茫，因为我不知道自己能做些什么。现在我知道了，我也想做一名像你一样能传递温暖的人。"

看着这行字，我的心中涌起一股难以言喻的感动。我知道，我已经在小健的心中种下了一颗爱的种子，它已经生根发芽，茁壮成长。而这份职业，也让我感受到了前所未有的满足和幸福。

（三）寒假打工，师助经济困难学子

随着冬季的脚步悄然而至，寒风渐起，落叶纷飞，校园里弥漫着一股即将放假的轻松气氛。寒假，对于大多数学生而言，是休息与家庭团聚的时光，但对于小健来说，却意味着另一场战斗的开始。

小健心里清楚，下学期的学费如同一座大山压在他的心头。姐姐为了支撑这个家，已经在外面打工拼尽全力，他不忍心再给她增添更多的负担。于是，他决定利用寒假的时间，在学校周边的餐饮店打工，希望通过自己的努力，至少能挣出一部分学费。

到了开学后，小健依然没有停歇，继续利用课余时间打工。每天清晨，当校园还沉浸在一片寂静之中时，小健就已经悄悄起床，简单收拾后，便匆匆赶往打工的餐馆。餐馆的工作并不轻松，从早到晚，他要么在厨房里帮忙洗菜切菜，要么在前台忙着收拾桌椅、招呼客人。虽然辛苦，但小健从未有过一句怨言，他总是默默地做着手中的工作，眼神中闪烁着坚定的光芒。

我对小健最近的状况有所察觉。我发现，尽管他的学习成绩并未出现波动，但每天下课后他总是匆匆忙忙，且神色中带着一丝疲惫。我心里隐隐有些担忧，决定找一个机会问问他。

一个偶然的机会，我与朋友相约在学校附近的一家餐馆吃饭。刚走进餐馆，我就看到了一个熟悉的身影——小健正端着盘子，在餐桌间穿梭。我的心猛地一揪，没想到小健竟然会利用课余的时间来打工挣钱。

我找了一个位置坐下，目光始终离不开小健。看着他小心翼翼地将菜品放在客人面前，脸上带着谦逊的笑容，我的心中五味杂陈。饭吃到一半，我实在忍不住，起身走到小健身边，轻轻拍了拍他的肩膀。

小健转过头，看到是我，先是一愣，随即露出了尴尬的笑容。"胡老师，您怎么在这儿？"他低声问道。

我微笑着说："和朋友来吃饭，没想到会在这儿遇到你。你怎么在打工呢？"

小健低下头，搓了搓手，小声说道："我……我想挣点学费，姐姐太辛苦了，我不想再让她为我操心。"

我听到小健的这番话，我心里一阵酸楚。我拍了拍他的肩膀，语重心长地说："小健，你有这份心是好事，但学业也很重要。你这样辛苦，会影响到学习的。"

小健沉默了一会儿，然后抬起头，坚定地说："胡老师，我知道，但我没办法。我会努力平衡好工作和学习的，您别担心。"

我看着小健那倔强的眼神，知道再劝也无济于事。我想了想，说道："小健，这样吧，我回去帮你申请一下助学金，看看能不能减轻你的负担。你先把心思放在学习上，打工的事情，咱们再商量。"

小健闻言，眼中闪过一丝惊喜，但随即又摇了摇头："胡老师，我已经很麻烦您了，不能再让您为我操心。"

我笑着拍了拍他的头，说道："傻孩子，我是你的辅导员，帮你是应该的，你就别跟我客气了。刚好最近有一名优秀校友设立了一个经济困难生助学金，我为你申请一下。"

吃完饭，我与朋友告别，带着小健回到了学校。我让他先回宿舍休息，自己则匆匆赶往办公室，开始为小健申请助学金的事情忙碌起来。几天后，助学金申请的事情有了眉目。我第一时间将这个消息告诉了小健。他听到后，激动得说不出话来，紧紧握住我的手，眼眶湿润地说："胡老师，谢谢您，我真的不知道该怎么说才好。"

我笑着拍了拍他的肩膀："别客气，这是你应该得的。你就好好读书，将来有出息了，再回报社会就是了。"

寒假转眼间就到了尾声，眼看就要过年了。我心里一直惦记着小健，知道他肯定又是一个人过年，于是决定邀请他一起去我家过年。

当我把这个想法告诉小健时，他显得有些犹豫，说道："胡老师，这怎么行呢？我去您家过年，太打扰了。"

我笑着摇了摇头，说道："小健，你就别跟我客气了。有你的加入，我们家过年会更热闹一些。"

小健再三推辞，但我还是坚持邀请他。最终，他被我的诚意打动，答应了下来。

小健来到我家后，我的家人热情地迎接了他，让他感受到了久违的家庭温暖。我们一起贴春联、包饺子、看春晚，欢声笑语充满了整个屋子。

小健看着一家人其乐融融的样子，心中涌起一股暖流。他想起了自己去世的父母，想起了独自在外打工的姐姐，心中不禁有些酸楚。但转念一想，他又觉得自己是幸运的。

吃年夜饭时，我举杯对小健说："小健，新的一年里，希望你能够健康快乐，学业有成。有什么困难，随时跟我说，老师永远是你坚强的后盾。"

小健听着我的话，眼眶湿润了。他举起杯子，哽咽着说："胡老师，谢谢您。我会努力学习的，将来一定不会让您失望。"

那个春节，小健在我家度过了一个温馨而难忘的假期。他感受到了家的温暖，也体会到了人与人之间的真情与关爱。他暗暗下定决心，一定要努力学习，将来成为一名对社会有用的人。

寒假结束后，小健以全新的面貌回到了校园。他变得更加自信、开朗，学习也更加努力。在我的帮助和鼓励下，他逐渐成为班级里的佼佼者，也成为同学们心中的榜样。而我，也继续着我的育人之路。

二、问题分析

（一）存在的问题

1.心理封闭与情感压抑

小健因父母双亡的家庭变故，长期自我封闭，节假日独自留校时表现出强烈的孤独感，不愿主动倾诉内心困扰。

2.学业中断风险

小健因经济压力萌生辍学念头，对持续求学缺乏信心。

3.经济压力下的身心失衡

小健在假期和课余时间高强度打工导致状态疲惫，出现学习精力不足、情绪焦虑等问题。

4.社交被动性凸显

小健初期与同学互动较少，缺乏主动融入集体的意愿，依赖辅导员单向关怀。

5.求助意识薄弱

小健面对学费困境时选择独自打工而非申请助学金，暴露"不愿麻烦他人"的过度自尊心态。

（二）造成问题的原因

1.家庭结构剧变的创伤性影响

小健父母早逝导致小健情感支持系统崩塌，长期压抑悲伤形成心理防御机制。

2.经济困难的现实压迫

依靠小健的姐姐打工维生的家庭现状，使小健产生"自己是负担"的负罪感，迫切希望通过辍学减轻家庭压力。

3.自我价值认知偏差

小健将经济独立等同于成年责任，低估知识改变命运的潜力，陷入

"打工养家大于学业发展"的认知误区。

4.社会支持网络缺失

小健缺乏亲属关爱与同伴支持，形成"凡事靠自己"的孤立思维模式。

5.情感表达障碍

小健因成长过程中情感需求长期未被满足，习惯用沉默掩饰脆弱，对建立深层人际关系存在畏惧心理。

三、辅导方案

（一）家庭化关怀替代缺失亲情

1.节假日主动邀请小健回家

如端午节包粽子、春节共度除夕，通过复刻家庭团聚场景，弥补小健亲情的缺失。

2.建立情感共鸣

通过还原学生姐姐的拿手菜——清蒸鲈鱼，触发其情感共鸣，逐步建立"校园亲人"的信任关系。

（二）经济援助与信念重建双轨并行

1.主动发现并干预辍学倾向

通过视频沟通挖掘小健"想工作"背后的经济焦虑，及时提供心理支持。

2.助学金申请与价值观引导

协助小健申请优秀校友助学金,同时强调"投资教育等于改变命运"的长期价值,帮助其重建信念。

(三)调适学生身心状态

1.重唤学习热情

通过视频沟通,以小健书桌上的专业书籍和奖状为契机,唤起其学业热情,以共情传递责任,助其重返校园。

2.平衡学习与生活

辅导员发现小健为筹学费课余打工导致身心俱疲后,主动介入协调,劝导他平衡学习与生活,强调学业优先性,保障其身体的休息时间和学习精力,避免经济困难对身心健康的持续消耗。

(四)指引学生融入社会

1.鼓励参与课外活动

通过知识社交的方式,帮助小健突破封闭心态,逐步融入集体。

2.塑造班级榜样

将小健塑造为班级榜样,通过同伴的钦佩与互动,激发其社交意愿与自信心。

(五)构建可持续成长生态

1.建立协同育人通道

与小健的姐姐建立联系,通过微信掌握家庭动态,同步反馈小健学业进展，形成家校协同育人的机制。

2.设计"善意传递"闭环

通过信件反馈等方式，引导小健从受助者转变为助人者，培养其社会责任感与感恩意识。

四、育人感悟

有一种叮咛，萦绕于心底，如同晨曦中那抹温柔的阳光，温暖而持久；有一种付出，倾注了青春，如同夜空中最亮的星，照亮前行的道路；有一段时光，值得珍藏，如同老照片中那抹淡淡的笑容，虽经岁月洗礼，却依旧温暖如初。这一切，都源于那份深藏于心的责任，它承载了岁月，也见证了我们的成长。在这个时代，做教师，需要的不仅仅是一份职业的热情，更需要一点情怀与奉献精神。我与小健的这段育人之旅，使我领悟了许多深刻的道理。

（一）以亲情为钥，叩启封闭心门

小健的转变始于端午节那盘清蒸鲈鱼。当他尝到姐姐拿手菜的瞬间，眼泪与鱼香交织，暴露了深藏的脆弱。这让我明白，创伤疗愈需要情感代偿。通过复刻家庭场景，如包粽子、做年夜饭，用"校园亲人"的身份填补亲情空缺，远比说教更能瓦解心理壁垒。

（二）解困之道，在物质更在信念

当他因学费压力说出"不想念了"，助学金申请不仅是经济支援，更是认知重塑的杠杆。通过视频对话中"传递善意"的约定，将"经济困难生"标签转化为"未来助人者"的使命感，让经济援助升华为价值觉醒的契机。

（三）疲惫身躯，需以温暖托举

餐馆偶遇打工的小健时，他端盘子的谦卑与倔强刺痛人心。帮助申请助学金并邀其过年，实则是用制度保障与家庭温暖构建双重缓冲带——身体休憩之地，亦是心灵充电之所。

（四）孤独者需点亮灯塔引航

从图书馆独行者到班级佼佼者，小健的社交蜕变揭示，封闭者不是抗拒群体，而是害怕被拒绝。通过塑造其"榜样"身份，让同伴的钦佩目光成为打破坚冰的破冰船。

（五）善意流转，方成育人闭环

当小健写下"我也想传递温暖"时，教育的终极意义已然显现。建立辅导员和姐姐的协同育人通道，并非监控，而是搭建责任共同体；引导受助者成为助人者，则是将个体救赎转化为群体能量的永动机。

五、案例小结

本案例聚焦于学生小健，他是一名因父母双亡、家庭经济条件困难而陷入心理封闭的大一新生，存在节假日孤独留守、辍学倾向、打工致身心失衡等问题。

针对这些问题，辅导员通过家庭化关怀、"经济—信念"双轨干预、社交破冰引导等策略，帮助其重建情感联结、扭转"打工养家大于学业"

的认知误区，最终实现班级榜样的蜕变。在辅导员的干预下，小健的情感封闭逐渐消解，学业成绩跃居年级前十，并担任班级帮扶组长。此案例体现了经济困难生心理干预的"创伤修复—生态支持"逻辑，通过情感代偿、资源链接与责任唤醒三要素，实现了心理资本的积累。

面向未来，辅导员需从以下几方面着手：第一，建立家校协同育人机制，追踪困境学生动态，成立"创伤复原"工作室，提升学生的心理韧性；第二，设计"资助—职业—公益"联动体系，推动高校与社区、企业共建"成长支持联盟"，拓宽社会支持途径，为同类案例提供从个体矫治到系统赋能的解决方案。

Z世代辅导员育人故事八
——守望者与追光者：辅导员的三重育人篇章

一、案例故事

（一）逆境中的翅膀：我与小赵的成长故事

在繁华与喧嚣交织的大学校园里，每一个角落都洋溢着青春的气息和梦想的光芒。然而，在这片充满活力的土地上，也隐藏着一些不为人知的秘密和挣扎。小赵，就是这样一个默默隐藏在角落里的学生。

小赵，一个看似平凡的女孩，却拥有着不为人知的勇气。她因童年的一场意外，腿部残疾，走路时总是一瘸一拐。这个缺陷，如同一道无形的墙，将她与外界隔绝开来。她害怕他人的目光，害怕嘲笑，更害怕自己的不同成为他人茶余饭后的谈资。因此，她总是默默躲在角落里，不愿与人交流，也不愿参加任何集体活动。

作为小赵的辅导员，我第一次注意到她，是在开学不久的班会上。当时，我要求每位同学上台作自我介绍。轮到小赵时，她犹豫了许久，才缓缓站起，低着头，用几乎听不见的声音完成了自我介绍。那一刻，我从她眼中看到了恐惧与不安，也感受到了她内心的孤独和无助。我意识到，这个孩子需要我的帮助。

从那以后，我开始特别关注小赵。我经常找她谈心，试图走进她的内心世界。起初，她总是很拘谨，不愿意多说。但我并未放弃，而是用我的耐心和真诚，一点点打动她。我告诉她，每个人都有不完美之处，但正是这些不完美，才构成了我们独一无二的人生。我鼓励她勇敢面对自己的缺陷，不要畏惧他人的目光，因为真正的美，源于内心的善良和坚强。

除了心理疏导，我还积极为小赵争取各种资助机会。我了解到，她的家庭经济条件并不宽裕，而残疾又为她的生活增添了额外负担。因此，我为她申请了助学金，并联系了一些社会公益组织，为她提供生活上的帮助。这些物质支持虽微不足道，却让小赵感受到了来自学校和社会的温暖和关怀。

然而，我深知，真正的帮助不仅是物质上的，更是精神上的。我希望小赵能够走出自卑的阴影，勇敢面对生活，实现自己的梦想。于是，我开始策划一场主题为"逆境飞翔"的活动。

"逆境飞翔"活动的目的是让那些在生活中遭遇困难和挫折的同学，能够勇敢站出来，分享自己的故事，从而激励更多人直面逆境，勇往直前。我明白，这对于小赵而言，是一个巨大的挑战。她害怕在众人面前暴露自己的缺陷，害怕嘲笑和歧视。但我坚信，只有经历这样的挑战，她才能真正走出自卑的阴影，重拾自信。

在活动的筹备过程中，我多次与小赵进行深入交流，鼓励她参与演讲。我向她强调，这是一次展示自己、证明自己的宝贵机会。起初，小赵依然犹豫不决，但在我的不断鼓励下，她最终决定接受这一挑战。

活动当天，校园内洋溢着热烈的气氛。同学们纷纷来到现场，期待聆听那些感人至深的故事。当小赵的名字被宣布时，整个会场瞬间安静下来。我看到小赵缓缓走上讲台，尽管她的脚步略显蹒跚，但她的眼神却异常坚定。

站在台上，小赵深吸一口气，开始讲述自己的故事。她谈到了因残疾而遭受的嘲笑和歧视，讲述了因自卑而度过的孤独时光，也回顾了自己在我和他人的帮助下逐渐走出阴影的经历。她的声音虽有些颤抖，但话语中却充满了力量和勇气。

随着小赵的讲述，会场的气氛变得凝重。同学们被她的故事深深打动，纷纷投以欣赏的目光。当小赵讲到她如何勇敢面对自己的缺陷、努力追求梦想时，会场内又响起了阵阵掌声。那掌声不仅是对她勇气和坚持的肯定，更是对她未来的祝福和期待。

演讲结束后，小赵走下讲台，她的脸上洋溢着自信的笑容。我意识到，那一刻，她已真正走出自卑的阴影，重拾了属于自己的自信。她告诉我，这是她人生中第一次在众人面前演讲，也是她第一次感受到如此多的关注和认可。她坦言，从未想过自己能够站在台上，勇敢地讲述自己的故事，而这一切，都源于我和他人的帮助和支持。

看着小赵自信的笑容，我的内心充满了欣慰和满足。我深知，我所做的一切都是值得的。小赵在我们的帮助下，重新找回了属于自己的翅膀。我相信，在未来的日子里，她定会用这双翅膀，勇敢地翱翔于属于自己的天空。

"逆境飞翔"活动虽已结束，但它留给我们的思考和启示却远未终结。它让我们明白，每个人在生活中都会遭遇困难和挫折，但只要我们勇敢面对、坚持梦想和信念，就一定能够走出逆境，迎接属于自己的美好未来。

（二）引领心灵成长：我与小李的成长故事

作为辅导员，我深知自己肩负的责任重大，不仅要关注学生的学业进步，更要关心他们的身心健康与人格成长。在这个充满挑战与机遇的环境里，我与小李的故事，正是一段关于成长、转变与蜕变的旅程。

小李，一个性格鲜明、情感丰富的大二学生，他的存在总是能让周围的人感受到一股独特的能量。这种能量有时如同春日暖阳，温暖人心；有时却如夏日暴雨，来得猛烈且不可预测。自入学以来，小李因情绪波动较大，多次与同学及任课教师发生冲突。这些冲突或大或小，虽终将归于平静，却在每个人心中留下了深刻的痕迹。

记得那是一个初秋的傍晚，夕阳的余晖洒满校园的每一个角落，为这个略带凉意的季节增添了几分暖意。我接到了小李班主任的电话，得知小李在课堂上再次与教师发生争执，且情况较为严重。我轻叹了一声，心中既有对小李行为的无奈，也有对他未来成长的担忧。我意识到，简单的批评教育已无法解决根本问题，小李需要的是更深层次的理解和引导。

第二天，我约小李来到我的办公室。办公室内，一盆绿植静静地生长在窗边，仿佛也在期待着什么。小李一进门，便显得局促不安，眼神中闪烁着躲闪与不安。我微笑着示意他坐下，尽量让自己的语气显得平和而亲切："小李，今天我们来聊聊，不是为了责怪你，而是想一起找找问题的根源，看看我们能做些什么来帮助你。"

　　起初，小李显得有些抵触。他认为自己只是情绪失控，并非什么大问题。我耐心倾听，并未急于打断或下结论。随着时间的推移，小李逐渐放松下来，开始讲述自己成长过程中的一些经历。原来，小李来自一个单亲家庭，从小与母亲相依为命。母亲为生活奔波劳累，对小李的关爱虽深厚，但在方式上往往缺乏细腻与耐心。因此，小李在成长过程中，学会了用强硬的外表保护自己，而内心的敏感与脆弱却鲜为人知。

　　了解小李的背景后，我更加坚定了帮助他学会情绪管理的决心。我深知，情绪管理不仅是一种技巧，更是一种生活态度、一种自我成长的过程。于是，我向小李提出了一个建议："小李，我们不妨尝试通过写日记的方式记录自己的情绪变化。每天花几分钟时间，写下你当时的感受、触发这些感受的事件以及你当时的反应。这样，我们就能更清晰地看到情绪变化的模式，从而找到更好的应对方法。"

　　小李起初对这个建议半信半疑，但在我的鼓励下，他决定尝试。同时，我还教给小李一些简单的深呼吸练习方法，让他在感到情绪激动时，能够通过深呼吸平复心情，给自己一个"暂停"的机会，避免冲动行事。

　　在接下来的几周里，我每隔几天便会与小李进行一次简短的交流，了解他写日记和深呼吸练习的进展情况。我发现，小李在记录情绪的过程中，逐渐意识到自己的情绪反应有时过于激烈，并学会了在冲突发生前给自己按下"暂停键"。更重要的是，通过写日记，小李开始学会表达自己的感受，而不是一味地用冲突来宣泄情绪。

　　随着时间的推移，小李的变化愈发显著。他与同学之间的关系变得更加和谐，任课教师也反映他在课堂上的表现更加积极正面。一次，我在校园里偶遇小李和他的几位同学，他们正有说有笑地走着，小李的脸上洋溢着真诚的笑容，那是我从未见过的轻松与自在。

为了进一步巩固小李的进步，我决定邀请他参加一次校园心理健康讲座，希望他能从中获得更多关于情绪管理的知识和技巧。讲座结束后，小李主动找到我，眼中闪烁着兴奋的光芒："胡老师，今天的讲座让我受益匪浅！原来情绪管理还有这么多科学的方法，我感觉自己以前就像是盲人摸象，现在终于看到了全貌。"

看着小李的成长与变化，我的心中充满了欣慰。我深知，这不仅是小李个人的进步，更是我们共同努力的结果。作为辅导员，我深刻体会到，每一位学生都是一块未经雕琢的璞玉，他们有着独特的闪光点，也面临着各自的挑战。我们的任务，就是用心去发现他们的潜力，用爱与耐心去引导他们，帮助他们成为更好的自己。

转眼间，一个学期即将结束。在学期总结会上，小李作为学生代表发言，他分享了自己这一学期以来的成长历程，特别提到了写日记和深呼吸练习对他情绪管理的巨大帮助。他说："是胡老师的耐心指导，让我学会了如何与自己的情绪和平共处，让我变得更加成熟稳重。现在，我不再是那个容易冲动的自己，而是学会了用更加平和的心态去面对生活中的每一个挑战。"

听着小李的发言，我的眼眶不禁有些湿润。我知道，这一刻的泪水，既是对小李成长的喜悦，也是对自己辅导工作的肯定。作为辅导员，我深知自己的使命还远未结束，还有更多的学生需要我们的关怀与引导。但我相信，只要我们用心去爱、用智慧去启迪，就一定能够引领更多的学生走出迷茫，找到属于自己的光明未来。

小李的故事，只是我辅导员生涯中的一个缩影。在未来的日子里，我将继续秉持这份初心与热情，与更多的学生一同成长、共同绘制属于他们的青春画卷。

（三）走出游戏迷雾：我与小张的成长故事

在大学这片充满希望的土地上，偶尔会有一些学生因各种原因迷失方向，小张便是这样一个让我牵挂不已的学生。

小张，一个性格内向、聪明伶俐的大二男生，刚入学时成绩优异，对专业充满热情。然而，从大二上学期开始，他逐渐沉迷于网络游戏，夜以继日地沉浸在虚拟世界中，学业因此受到严重影响。他的成绩一落千丈，在课堂也表现得心不在焉，甚至连续几次缺席重要课程。作为他的辅导员，我深感责任重大，决定帮助小张走出游戏的迷雾、重拾学业。

初次与小张交谈时，我能感受到他内心的挣扎和矛盾。他明知沉迷游戏不对，却无法抵挡那种诱惑和逃避现实的快感。他的眼神中透露出迷茫和无助，让我感到心疼。我知道，简单的责备和批评已无济于事，需要采取一种更加温和而有效的方法来帮助他。

经过深思熟虑，我决定从两个方面着手：一方面，借助小张室友们的力量，让他们成为小张的监督者；另一方面，邀请成绩优异的学生指导小张的学业，帮助他找回学习的信心和动力。

我首先找到小张的室友们，与他们进行了一次深入的交谈。我向他们说明了小张目前的困境，并表达了希望得到他们帮助的意愿。小张室友们听后，纷纷表示愿意伸出援手。他们深知小张是一个有潜力的学生，只是暂时迷失了方向。我们共同商定了一个监督计划，由小张的室友们负责监督小张的作息时间，确保他能够按时起床、按时上课、按时休息，减少玩游戏的时间。

同时，我还联系了几位成绩优异的学生，他们都是小张同专业的同班同学，对小张的专业课程有着深入的了解。我邀请他们担任小张的学业导师，定期为小张辅导功课，解答疑难问题，帮助他找回学习的节奏和感觉。他们欣然接受了邀请，并表示愿意用自己的经验和知识帮助小张走出困境。

在小张的室友们和同学的支持下，我接下来要与小张共同制定了一份详细的时间规划表。我约小张来到办公室，我们面对面坐下，认真规划他的每一天。从早上起床到晚上熄灯，我为他的学习和生活安排了具体任务，包括上课、自习、锻炼、休息等各个环节。我告诉他，只有合理安排时间，才能既保证学习效率，又保持身心健康。

小张起初对这份时间规划表有些抵触，觉得自己失去了自由，被束缚得太紧。我耐心地向他解释，这份规划表并非为了限制他的自由，而是为了帮助他更好地管理时间，让他有更多时间去做自己喜欢的事情，包括玩游戏。但玩游戏只能是一种放松和娱乐的方式，而不能成为他生活的全部。

在他的室友们、同学和我的共同监督下，小张开始逐步执行这份时间规划表。起初，他有些不适应，经常会忘记完成任务或拖延时间。然而，随着时间的推移，他逐渐养成了良好的时间管理习惯，开始能够按时完成任务，甚至有时还会提前完成。

我看到小张的变化，心中充满了欣慰。我深知，这份变化来之不易，是我们共同努力的结果。我继续关注着小张的成长，定期与他进行交流，了解他的学习和生活情况，并给予他鼓励和支持。同时，我也与他的室友们和辅导他学业的同学保持密切联系，及时掌握小张的进展，并根据实际情况调整监督策略。

经过一段时间的努力，小张的成绩开始有了显著提升。他在课堂上的表现也变得更加积极和专注，不再像以往那样心不在焉。他的室友们告诉我，小张现在每天都会按时起床、上课、休息，不再沉迷于游戏。辅导他学业的同学也反映，小张在学习上的进步很大，他已经开始主动寻求问题的解决方法，而不是像以前那样逃避和拖延。

听到这些好消息，我欣慰地笑了。他的变化让我深感自豪和欣慰，也让我更加坚定了自己的信念：每一个学生都拥有无限的潜力和可能，只要我们用心去关爱他们、引导他们、帮助他们，就一定能够让他们走出困境、走向成功。

为了巩固小张的成果，我特意为他组织了一次班级分享会。在分享会上，小张讲述了自己走出游戏迷雾、重拾学业的经历和感悟。他的讲述质朴而真诚，引起了同学们的共鸣。通过这次分享会，小张不仅增强了自信心和表达能力，也让同学们更加了解他的成长和变化。

如今的小张，已不再是那个沉迷游戏、学业受困的学生。他已经成长为一个积极向上、勇于追求梦想的青年。我相信，在未来的日子里，他一定会继续努力、不断进步，为自己的人生书写更加辉煌的篇章。

作为辅导员，我深知自己的责任重大。每一个学生都是一块未经雕琢的璞玉，他们有着独特的闪光点和无限可能。我们的任务，就是用心去发现他们的潜力、用爱去关爱他们、用智慧去引导他们、用耐心去帮助他们。只有这样，我们才能真正成为学生的良师益友，陪伴他们走过青春的迷茫和困惑，走向成功的彼岸。

二、问题分析

（一）存在的问题

1.自我封闭与社交回避

小赵因腿部残疾产生强烈自卑感，长期躲避集体活动，拒绝与他人深入交流。

2.情绪管理失控

小李因单亲家庭情感压抑，频繁与同学及任课教师爆发冲突，以攻击性行为掩饰内心敏感。

3.游戏成瘾与学业荒废

小张沉迷网络游戏逃避现实，导致成绩大幅下滑，出现逃课、作业敷衍等行为。

4.自律机制崩坏

小张失去时间管理能力，作息混乱，无法平衡学习与娱乐。

5.消极应对模式固化

三人均存在逃避倾向，小赵逃避社交、小李逃避情感表达、小张逃避学业压力，均缺乏主动解决问题的意识。

（二）造成问题的原因

1.自我认知偏差

小赵将身体缺陷等同于人格缺陷，陷入"残疾等于无能"的错误认知；小李误将情绪宣泄等同于自我保护。

2.心理调节能力缺失

小赵缺乏应对歧视的心理韧性，小李不懂情绪管理技巧，小张未掌握压力疏解方法。

3.现实成就感匮乏

小赵因社交回避失去集体认同，小张因学业挫败转向虚拟世界寻求成就感。

4.目标感与价值感迷失

小李未建立清晰的成长目标，小张失去学习内驱力，陷入"为逃避而活着"的状态。

5.适应性应对策略缺位

三人均未形成健康的压力应对机制，如小赵的自我封闭、小李的冲突转嫁、小张的游戏沉溺。

三、辅导方案

（一）个性化支持计划搭建

针对不同困境设计定制化帮扶方案，通过资源整合重建学生生活秩序。例如，为小赵争取助学金并联系公益组织提供生活援助；为小张制定每日时间规划表，安排室友监督其作息，邀请优秀学生为其进行学业辅导。

（二）情感代偿与价值唤醒

通过创伤叙事重构与成就展示，将缺陷和挫败转化为成长动力，激活内在价值感。例如，策划"逆境飞翔"演讲活动，鼓励小赵积极参与；为小张组织班级分享会，强化正向自我认同。

（三）情绪管理技能植入

用"记录—反思—调节"三阶训练，替代原有冲突宣泄模式。例如，引导小李书写情绪日记、练习深呼吸，邀请其参加心理健康讲座学习科学管理方法。

（四）替代性成就获取

在现实场景中构建替代性满足路径——社交回避者通过公开表达获取关注、游戏沉迷者通过学业突破替代虚拟成就。例如，为小赵创造演讲舞台获得集体认可；帮助小张通过学业进步重拾现实成就感。

（五）生态化支持网络建设

通过多主体介入打破学生孤立状态，形成持续性的成长护航体系。例如，联动小张的室友形成监督联盟；为小李构建"辅导员—同学"支持圈；为小赵建立"学校—公益组织—家庭"协同通道。

四、育人感悟

这三个案例恰似三面棱镜，折射出教育者以心换心、因材施教的智慧光芒。在陪伴他们穿越黑暗、重获新生的过程中，我感触颇深。

（一）以共情为桥，跨越自卑的鸿沟

小赵站在"逆境飞翔"演讲台上的每一步，都在击碎自我否定的坚

冰。当她的故事化作激励他人的力量，自卑的枷锁便悄然脱落。这启示我们，教育者需要搭建"创伤转化器"，将学生的"缺陷"升华为独特的人生勋章，让脆弱成为照亮他人的光芒。

（二）情绪管理是通往成熟的阶梯

小李从冲突制造者到情绪掌控者的转变，始于那本写满挣扎的日记。每一次深呼吸的停顿、每页日记的自我剖析，都在重塑他的情感通路。教育者的使命，是为学生装配"情绪工具箱"——日记是镜子、呼吸是锚点、科学方法是地图，引导学生走出情绪的迷宫。

（三）虚拟与现实的能量置换法则

小张的键盘从游戏控制键转向书本翻页键，背后是成就迁移的成功实践。通过时间规划表切割虚拟沉溺，用学业辅导重构现实成就感，教育者需要做学生生活的"能量调度师"，让对虚拟世界的执着转化为现实赛道的冲刺力。

（四）群体是治愈孤独的隐形良药

当小张的室友化身监督伙伴，当小李的同学成为情绪共鸣者，当小赵的听众发出热烈的掌声，孤独的壁垒便在集体共振中崩塌。教育智慧在于编织"关系修复网"——让监督者、同行者、见证者的角色交织，使孤立个体重归生命共同体。

（五）教育是播种未来的延时艺术

从助学金到职业理想、从情绪日记到成熟心智、从游戏少年到分享者，三个案例印证教育是时间的朋友。那些看似微小的干预，实则是埋入心土的种子，需用耐心守护。

五、案例小结

本案例聚焦于三名典型学生的问题：小赵因残疾自卑封闭、小李因情绪失控引发冲突、小张因游戏成瘾荒废学业。三名学生分别面临心理封闭、情感障碍与行为失序等不同层面的困境。

针对这些问题，辅导员可以通过个性化支持计划（如助学金申请、作息监督）、情感代偿活动（如"逆境飞翔"演讲、班级分享会）、生态化支持网络（如室友监督、家校协同）等多元化策略，帮助学生实现蜕变。在辅导员的努力下，小赵从沉默寡言成长为"励志之星"；小李的冲突频率显著下降，并担任班级心理委员；小张的游戏时长大幅缩减，学业成绩取得显著进步。本案例体现了"缺陷转化—双轨干预—生态修复"的教育逻辑。辅导员将小赵的生理缺陷、小李的情感创伤和小张的行为偏差转化为教育切入点，通过物质援助与精神赋能同步推进、个体技能提升与群体环境共治相结合的方式，成功打破了学生的孤立状态。

面向未来，高校可进一步构建新生心理筛查系统，前置风险识别；开发"情绪记录App"等数字化工具，追踪学生行为动态；推动校企协同育人，增强学生的现实成就感；提升全员抗逆力，为新时代学生心理行为问题的干预提供从个体矫治到生态支持的系统方案。

Z世代辅导员育人故事九
——"润"物细无声：黑夜里总有星光，风雨后常伴彩虹

一、案例故事

（一）辅导员与小润的治愈故事

黑夜里总有星光，风雨后常伴彩虹，一切温暖的关怀都源自那"润"物细无声的力量。这便是今天我要讲述的育人故事的主题。

夕阳下的晚霞如织锦般绚烂，伴随着声声下课铃响，充实的一天悄然过去。忙碌与惊险过后的平静，让我的思绪不禁飘回到那个下午的一幕……

那天，我迅速翻越了学校南门的围墙。那一刻，我仿佛化身为一名英勇的战士，及时制止了一场可能发生的悲剧。时间仿佛在那瞬间停滞，汤逊湖畔的声声哭喊，在那片未有一丝涟漪的湖面上显得尤为突兀，也深深

刺痛了我的心。

这个故事的主人公是我的学生小润。他是我们学院有名的"阳光"男孩，画艺精湛，性格开朗，在班级中总是为大家带来欢声笑语。然而，在一次日常查寝过程中，我却发现小润独自窝在床上一声不吭，这与我之前认识的他大相径庭。辅导员职业的敏锐让我察觉到了一丝异常。我主动询问小润新学期的适应情况，小润一脸严肃地对我说："胡老师，我有病！离我远一点。"我一惊，后退了两步，努力平复情绪，回应道："怎么了，小润同学？不要怕，有任何事情跟我说，就当交个朋友。"

小润慢吞吞地从床上走下来，低着头，声音低沉地对我说："我患有抑郁症，但最近一直在吃药，现在的情绪很稳定，你别担心，我不会影响大家。"听着他的话，看到他低头不语的模样，我心里除了心疼，更多的是职业素养提醒我必须冷静下来，才能应对这个局面。我整理片刻情绪后，与他开启了长达两个小时的交流。

在那两个小时里，我耐心地倾听着小润的诉说，感受着他的痛苦与挣扎。我告诉他，抑郁症并不可怕，重要的是要勇敢面对、积极治疗。我鼓励他多参加一些活动，多结交一些朋友，让自己的生活更加充实和有意义。最后，我摸着他的头，轻声说道："小润同学，我们这次就当互相认识了。我把学校心理老师的联系方式给你，你以后有任何问题，我们都在，不要怕！"

犹豫片刻后，小润缓缓抬起头，目光闪烁地回应道："好的，胡老师！"虽然只是简简单单的五个字，但我知道，我已经走进了小润的心里。

从那以后，小润每天都会将他日常生活中的点点滴滴与我分享。我时常为他取得的微小成就感到开心，也会帮他解决宿舍琐事，更会关注他的情绪变化，给予他细心的安抚。我们一起度过了许多快乐的时光，也一起面对了许多困难和挑战。

然而，成长之路总是充满荆棘。数月后的一天，小润的室友语气凝重地来找我，"老师，小润回宿舍将治疗抑郁症的药物撒在桌上，还写了一些类似信件的纸张拍给了他父母，随后他直接跑了出去。我们紧跟着他，但是没追到！老师，我好怕，好怕他出事。"

从小润的室友哽咽的声音中，我意识到事态的严重性。我立刻冲出办公室，顾不上整理衣着，带上同事一起在校园内疾步搜寻小润的身影。我的心揪得紧紧的，生怕他会做出什么不可挽回的事情。

就在我焦急四处张望时，南门方向传来了呼喊声："胡老师，你的学生在这里，你快过来！他翻墙跑出去了，快来看看！"不等我完全反应过来，我的双脚已经下意识地飞奔而去，于是便出现了故事开头的那一幕。

我顾不上自身的危险，一边大步跨过学校围墙，一边呼喊着："小润，胡老师在这，你快停下来！"在一声又一声的呼喊中，小润终于意识到了什么。他停下脚步，回头望向我，眼中满是泪水。我飞奔过去，紧紧抓住他。他哭喊道："胡老师，我今天把我父母寄给我的药全吃了，我现在好难受啊！"

我强迫自己立刻冷静下来，迅速将小润送往医院。在路上，我只能在一旁静静守候，一遍又一遍地轻声安抚："小润，你要坚强！没事的，我们马上就好了！"到达医院后，我立即安排急诊洗胃。从上车的那一刻起，直到他情况稳定，我紧握着他的手从未松开。小润在痛苦的呜咽中逐渐睡去，我悬着的心也终于放了下来。

经过这次事件，小润的家长出于对他身体状况的考虑，提出让他休学回家进行长期的休养与调整。我虽然心中有些不舍，但也知道这是为了小润好。在休学期间，我每天都会与小润保持联系，询问他的情况，督促他定期前往心理机构接受干预治疗，并提醒他按时服药。我也常常与他父母沟通，了解小润在家期间的精神状态。

令我欣慰的是，经过长时间的关怀与治疗，医院最近的检查结果显示小润的状态保持平稳，情绪也已恢复正常。此外，在家休养的这段时间，小润还自学了舞蹈和吉他，已经能够完整地跳一支舞蹈和弹奏一首曲目。他兴奋地对我说："希望明年开学时能给胡老师表演！"看到他如今生机勃勃、充满活力的模样，我为他感到由衷的高兴，也为自己日夜工作的成果感到欣慰。小润的故事并没有就此结束，他的成长与蜕变仍在继续，而我也将继续陪伴他，见证他未来的每一步。

（二）辅导员与小宇的治愈故事

在小润休学期间，我还遇到了另一个让我印象深刻的学生——小宇。他和小润一样，也是一个有着特殊经历的孩子。

小宇是我接手新班级后认识的一名学生。他性格内向、沉默寡言，总是独来独往。起初，我并未对他有过多的关注，以为他只是性格较为孤僻。然而，随着时间的推移，我逐渐发现小宇的情况并不简单。

有一次，我在办公室批改作业时，无意间听到小宇和同学的对话。小宇说："我真的不想活了，我觉得活着没有意义。"这句话让我心头一震，我立刻意识到小宇可能存在着严重的心理问题。于是，我开始关注他的一举一动，试图深入了解他的内心世界。

经过一段时间的观察和了解，我发现小宇的家庭背景较为复杂。他的父母在他很小的时候便离婚了，他跟随父亲生活。然而，他的父亲工作繁忙，很少有时间陪伴他，导致他从小就缺乏关爱和温暖。在学校里，他也因性格内向而难以结交朋友，常常感到孤独和无助。

得知这些情况后，我决定采取一些措施来帮助小宇。首先，我联系了学校的心理老师，向他详细说明了小宇的情况，并请他为小宇提供专业的心理辅导。同时，我也经常主动找小宇谈心，鼓励他多参与集体活动，多结交朋友，让自己的生活更加充实和有意义。

然而，小宇的情况并未因我们的努力而迅速好转。相反，他的情绪愈发低落，甚至出现了自残行为。这让我感到极度担忧和焦虑，我知道我必须采取更有效的措施来帮助他。

于是，我尝试通过兴趣爱好来打开小宇的心扉。我了解到小宇喜欢听音乐，便在课余时间为他播放一些轻松愉快的歌曲，试图让他感受到音乐的魅力和力量。同时，我鼓励他尝试学习乐器，如吉他或钢琴，让他通过音乐来表达自己的情感和想法。

在我的鼓励下，小宇开始学习吉他。他每天认真练习，尽管进度缓慢，但他从未放弃。我看着他一点一滴的进步，内心感到无比欣慰。我意识到，音乐已经成为他生命中不可或缺的一部分，也成为了他走出困境的重要力量。

随着时间的推移，小宇的情况逐渐好转。他的情绪变得更加稳定，也开始主动与人交流。他告诉我，音乐让他感受到了生活的美好和希望，也让他重新找回了自信和勇气。

小宇的故事让我更加深刻地理解了教育的意义和价值。教育不仅仅是传授知识的过程，更是引导学生成长、帮助他们走出困境的过程。在这个过程中，我们需要用心倾听学生的声音、用爱关怀他们的成长。

（三）小润与小宇的成长礼赞

小润休学一年后，终于重返校园。那一天，阳光明媚，微风和煦。小润身着整洁的校服，背着书包，脸上洋溢着久违的笑容，迈着坚定的步伐走进了校门。他的回归，不仅为班级增添了欢声笑语，也让我的内心多了一份踏实和欣慰。

小润的变化显而易见。他变得更加成熟稳重，眼神中闪烁着坚定和自信。他告诉我，在休学的一年里，他并未荒废学业，反而在家中自学了许多新知识，并通过网络课程提升了自己的绘画技能。看着他兴奋地展示新创作的作品，我由衷地为他感到骄傲。

重返校园的小润，很快便融入了集体生活。他积极参与班级的各项活动，与同学们相处得十分融洽。我知道，这背后离不开他自身的努力和坚持，也离不开他父母的支持和关爱。他们为小润营造了一个温馨和谐的家庭环境，让他能够安心养病、学习。

就在小润重返校园不久，学校组织了一次以"我的成长故事"为主题的演讲比赛，旨在鼓励学生分享自己的成长经历，传递正能量。当我看到这个比赛通知时便想到了小润和小宇。我认为这是一个绝佳的机会，让他们能够站在舞台上，用自己的声音讲述自己的故事，激励更多人。

我找到小润和小宇，向他们提出了我的想法。小润一听，立刻兴奋地跳了起来，说道："胡老师，我早就想站上舞台了！我要把我这一年的经历告诉大家，让大家知道，抑郁症并不可怕，只要勇敢面对，就能战胜它!"小宇则有些犹豫,低声说道:"胡老师,我……我不行,我从来没上过台,我会紧张的。"我拍了拍他的肩膀,鼓励道:"小宇,你忘了吗?你曾经告诉我,音乐给了你勇气和自信。现在,你可以用你的声音,把你的故事告诉所有人。我相信你,你一定可以的!"

在我的鼓励下,小润和小宇最终决定报名参加演讲比赛。他们开始认真准备演讲稿,一遍又一遍地修改、练习。我时常看到他们在教室的角落或校园的草坪上,低着头认真背诵稿子,或是互相模拟演讲的情景。他们的努力,让我看到了青春的力量和梦想的光芒。

比赛的日子终于到来。那天下午,学校礼堂里座无虚席,老师和同学都满怀期待地等待着这场精彩的演讲比赛。小润和小宇坐在后台,既紧张又兴奋。我走过去,递给他们每人一瓶水,轻声说道:"别紧张,你们已经准备得很充分了。就当作是一次普通的聊天,把你们的故事讲给大家听就好。"他们点了点头,深吸一口气,调整着自己的状态。

比赛正式开始。一位位选手走上舞台,用他们的声音讲述着自己的成长故事。有的感人至深,有的幽默风趣,每一个故事都充满了力量和希望。终于,轮到小润上场了。他身着整洁的衬衫,自信地走上舞台,拿起麦克风,开始了他的演讲。

"大家好,我是小润。今天,我想跟大家分享的是我与抑郁症抗争的故事。曾经,我是一个阳光开朗的男孩,喜欢画画,也喜欢和同学们一起玩耍。但是,有一段时间,我变得沉默寡言,整日蜷缩在床上,不愿与人接触。后来,我才知道,自己患上了抑郁症。那一刻,我的世界仿佛崩塌了。幸运的是,我遇到了胡老师。他像一束光,照亮了我黑暗的世界。他告诉我,抑郁症并不可怕,重要的是要勇敢面对、积极治疗。在胡老师的鼓励和帮助下，我开始积极接受治疗，参加各种活动，努力让自己的生活变得充实而有意义。尽管过程中充满了困难和挑战，但我从未放弃。今天，我站在这里，就是想告诉大家，无论遇到什么困难，都不要害怕，要勇敢面对它，战胜它！因为，每一个黑暗的夜晚，总会有星光照亮我们前行的道路。"

小润的演讲结束后，台下响起了热烈的掌声。我看到他的眼中闪烁着泪光，那是喜悦的泪水，也是成长的泪水。接着，轮到小宇上场了。他穿着一件简单的T恤衫，抱着吉他，走上舞台。他深吸一口气，开始了他的演讲。

"大家好，我是小宇。今天，我想跟大家分享的是音乐如何改变了我的生活。我的家庭背景比较复杂，父母在我很小的时候就离婚了。我跟随父亲生活，但他工作繁忙，很少有时间陪伴我。在学校里，我也因性格内向难以结交朋友。我曾经觉得生活毫无意义，甚至想过放弃。但是，有一天，胡老师发现了我的困境。他开始关心我，鼓励我参加各种活动。他发现我喜欢音乐，便经常为我播放一些轻松愉快的歌曲。在他的鼓励下，我开始学习吉他。音乐成了我生命中不可或缺的一部分，它让我感受到了生活的美好和希望。通过音乐，我表达了自己的情感和想法，也结识了许多志同道合的朋友。今天，我想在这里为大家弹唱一首歌，感谢音乐带给我的力量和勇气。"

小宇说完，轻轻拨动吉他的琴弦，开始弹唱一首温暖的歌曲。他的声音虽然有些颤抖，却充满了情感和力量。台下的老师和同学都被他的歌声打动，静静地聆听着，沉浸在音乐的世界中。

演讲比赛结束后。小润和小宇的表现都十分优异，分别取得了第二名和第三名的好成绩。当他们站在领奖台上，手捧奖状和奖品时，我看到了他们脸上的笑容和眼中的光芒。我知道，这一刻，他们不仅收获了荣誉和认可，更重要的是收获了成长和自信。

当晚，我邀请小润和小宇一起吃饭庆祝。我们坐在校园附近的一家小餐馆里，畅聊着彼此的喜悦和感慨。小润说："胡老师，谢谢你一直以来的关心和帮助。如果没有你，我不知道自己会变成什么样子。"小宇也点头说道："是啊，胡老师，你就像我们的灯塔，指引着我们前行的方向。"我笑着摇了摇头，说道："其实，我也要感谢你们。是你们让我进一步明白了教育的意义和价值，也是你们让我相信，只要用心去爱每一个学生，就能帮助他们走出困境、迎接美好的未来。"

那一晚，我们聊了很多很多，关于梦想、关于成长、关于未来。我知道，未来的路还很长很长，但只要我们携手同行，就没有什么能够阻挡我们前进的脚步。

二、问题分析

（一）存在的问题

1.重度抑郁情绪失控

小润确诊抑郁症后出现极端行为，如大量服药、翻墙出走，存在自杀风险。

2.自我伤害倾向显现

小宇出现自残行为，多次表达"不想活"的消极念头。

3.社交功能严重退化

小润休学前"整日蜷缩在床上一声不吭",小宇长期独来独往,拒绝与他人交流。

4.病耻感与自我封闭

小润初期隐瞒病情,用"我有病,离我远点"推开他人的关心。

5.应对机制失效

二人均缺乏健康的压力疏解方式,如小润依赖药物、小宇通过自残宣泄情绪。

(二)造成问题的原因

1.心理疾病的直接影响

小润的抑郁症引发认知扭曲,导致过度自责与绝望感;小宇的抑郁情绪使其价值感丧失。

2.情绪调节能力匮乏

面对负面情绪时,小润选择极端服药,小宇转向自残而非寻求帮助。

3.自我认知严重偏差

小润将抑郁症等同于"异常标签",小宇因家庭缺乏关爱而产生"存在无意义"的执念。

4.社交技能缺失

二人均不擅长建立支持性人际关系,陷入"孤独—抑郁"的恶性循环。

5.健康应对策略空白

音乐、运动等正向情绪出口的缺乏，导致压力在封闭环境中持续累积。

三、辅导方案

（一）构建危机干预与紧急响应机制

建立"发现—评估—处置"三级应急流程，确保极端行为第一时间被阻断。例如，当发现小润服药过量后，立即采取翻墙追赶并送医洗胃的措施；对小宇的自残倾向迅速联系心理老师介入干预。

（二）构建专业化心理支持网络

整合校内外心理资源，如医院、心理咨询机构，形成"医学治疗+心理辅导+兴趣干预"的多维支持体系。例如，为小润对接学校心理咨询老师；为小宇引入音乐治疗，进行兴趣干预。

（三）走通兴趣导向的替代性疗愈路径

将艺术创作，如音乐作为情绪出口，用"创作成就"替代"病耻标签"，实现从"患者"到"创作者"的身份重构。例如，引导小润通过绘画和舞蹈重建自我认同，鼓励小宇学习吉他并参与音乐表演。

（四）打造社会支持系统激活工程

设计"家庭—朋辈—教师"关怀链，通过视频家访、互助小组、班级关怀计划打破社交孤立。例如，联动小润家长每日沟通病情，安排同学定期探望；为小宇组建吉他兴趣小组，促进朋辈互动。

（五）做好成长叙事重塑与价值唤醒

搭建自我表达平台，如演讲、表演，将创伤经历转化为激励他人的素材，通过"助人"实现"自助"的价值升华。例如，鼓励学生参与"我的成长故事"演讲比赛，支持小润公开抗郁经历，支持小宇用吉他弹唱传递心声。

四、育人感悟

当小润在画布前涂抹第一笔颜料，当小宇的指尖第一次触碰琴弦，当演讲台上的聚光灯照亮抗郁宣言，当合奏室的音符编织成网，这些瞬间如星火燎原，让我顿悟教育的真谛。

（一）以爱为舟，穿越情绪的惊涛

小润服药后翻墙逃走的瞬间，让我明白教育者的爱是紧急关头的生命缆绳。当他在被送往医院时，我紧握他的手，不仅是物理的牵绊，更是心灵的锚点。危机干预的本质是用行动告诉学生"你值得被拯救"，这份坚定比任何语言都更有力量。

（二）音乐是照进裂缝的光

小宇拨动吉他琴弦时颤抖的手指，将自残的伤痕转化为音符的纹路。音乐治疗不只是消遣，还是用艺术重构认知的"炼金术"。当音乐替代了腕上的伤疤，艺术便成了对抗虚无的武器。

（三）病耻感在阳光下消融

小润站在演讲台上讲述抗郁经历时，聚光灯照亮的不只是他的脸庞，更是千万个沉默的"小润"。公开叙事如同心理拆弹，当抑郁症从隐秘的标签变为励志的勋章，病耻感的枷锁便在共鸣中碎裂。

（四）关系网是最柔韧的安全绳

从家长视频沟通到吉他兴趣小组，看似平常的联结编织成救生网。小润室友的定期探望、小宇琴友的合奏练习，印证了群体温度能融化孤独的坚冰的道理。每个关怀节点都是防止坠落的缓冲垫。

（五）教育是时间的复利投资

休学期间小润的绘画进步、小宇坚持三年的吉他练习，揭示育人如同培育盆景。那些看似停滞的休整期，实则是根系生长的黄金期，当我们给予足够的耐心，休学证明也能变成成长勋章。

五、案例小结

本案例聚焦于两名典型学生的问题。小润因抑郁症而有自杀倾向，小宇因自残行为伴随轻生念头，二者均因心理危机陷入重度抑郁与社交功能障碍。

针对这些问题，辅导员通过应急响应机制，如紧急送医、二十四小时监护，确保学生生命安全；艺术替代疗法，如利用绘画、吉他弹唱，帮助学生重构自我认同；创伤叙事重塑，如通过"我的成长故事"演讲等策略，将创伤经历转化为激励他人的素材。在辅导员的努力下，小润获得演讲比赛亚军并举办个人画展，小宇创建吉他社团且再无自残行为。此案例推动了学校建立心理危机快速响应系统的进程，揭示了"危机干预—艺术转化—生态支持"的教育逻辑。辅导员将自杀未遂事件转化为生命教育契机，用艺术创作覆盖自残伤痕，构建"家庭—朋辈—学校"的黄金三角支持网。

展望未来，高校可开发AI（Artificial Intelligence，人工智能）心理预警系统，捕捉社交媒体中的求助信号；搭建VR艺术疗愈平台，提供低压力表达空间，推动"艺术疗愈社会"，与美术馆、音乐厅等合作举办心灵治愈专场，让更多"小润""小宇"在美的共鸣中找回生命力量。

Z世代辅导员育人故事十
——一位辅导员与学生的双向成长之旅

一、案例故事

近二十年前的一个夏天,我初到武汉体育学院体育科技学院,担任体育教育专业的辅导员,带着满腔的热情和憧憬,踏入了这片充满活力的校园。对我而言,这是一个全新的开始,也是一段未知的挑战。

我带的第一批学生并非大一新生,而是大二体育教育专业的几个班级。为了尽快了解学生情况,开学伊始,我便组织了一场班委会。正是在这次班委会上,我认识了小怡。

"老师好,我叫小怡,是体育教育专业一班的学习委员。"在第一次班委会上,她简短地介绍自己。当其他同学纷纷向我展示自己的优点与特长,试图在新辅导员面前留下好印象时,小怡却只说了这么一句话,便迅速坐下。她微胖的身材在紧身校服下略显臃肿,厚厚的刘海下是一双腼腆、不敢直视他人的眼睛。当时,我只觉得这个女生比较害羞和胆小,并未留下太深刻的印象。

班委会结束后，我拿着学生名单和资料，对照着每个人的面孔，努力想要记住他们的名字和特点。小怡，这个名字在我脑海中只是一闪而过，并未引起太多关注。在接下来的日子里，我忙于熟悉工作、了解学生情况，也没有太多时间去关注这个看似不起眼的女生。

然而，随着与学生交流的深入，我逐渐发现，小怡其实是一个独特而有趣的女生。她的内心世界远比表面看起来更加丰富。

有一次，我找她谈心，想要了解她的学习和生活情况。起初，她有些拘谨和紧张，低着头，不敢与我的眼睛对视。我微笑着鼓励她，让她放松下来，把她当作朋友来交流。慢慢地，她开始敞开心扉，向我讲述自己的成长经历和心路历程。

她说，自己是通过单招（高等职业教育单独考试单独招生，简称单招）进入大学的，以前的学习基础比较薄弱，也从未得到过他人的认可。长期以来，她一直处于自卑和迷茫之中，不知道自己想要什么，也不清楚未来的方向。上大学后，她意外当选为学习委员，内心感到惶恐和不安。她觉得自己无法胜任这一职务，担心做不好会被同学们嘲笑和轻视。

然而，既然当选了学习委员，她便决定认真对待。她开始努力学习，希望提升自己的能力和水平。每天清晨，她早早起床去教室自习，晚上熬夜复习功课。她还主动向老师请教问题，积极参加各种学术讲座和活动。她希望通过自己的努力，赢得到同学们的认可和尊重。

听到这里，我不禁对小怡刮目相看。眼前的她，与班委会上初次见面时的小怡简直判若两人。那时的她，眼神中充满了迷茫和不安；而现在的她，目光坚定、自信满满，目标明确且斗志昂扬。我好奇地问她："是什么让你发生了这样的转变？是什么促使你变得如此努力和积极？"

小怡低下头，沉思片刻，随后然后抬起头注视着我，缓缓说道："其实，是因为胡老师您的到来。"她继续说道："在您来之前，老师们都说体育教育班的学生太令人头疼了，学生旷课是家常便饭，白天寝室里呼呼大睡，晚上彻夜游戏。我和许多同学一样，都是从中等职业学校升上来的，对学习和上进几乎毫无概念。而那些主动学习的学生，反而被视为异类，被孤立、被嘲笑。在这样的环境中，我虽然感到空虚无聊，却也从未觉得有何不妥。"

"但是，胡老师来了之后，一切都变了。"小怡的眼神中闪烁着光芒，继续说道，"胡老师规矩严格，要求很多。起初，大家都感到不适应。经常听到同学们在背后议论，说'大学的噩梦来了！'以前的早自习，一半的人都不到，来的人也只是在教室里吃完早餐后继续睡觉。胡老师来了之后，每天早上亲自监督，现在居然没有人旷课，也没有人迟到，甚至早自习时还能听到记单词的声音。我觉得同学们好像都变了。"

我看着小怡，心中充满欣慰和感动。我未曾想到，我的到来和一些简单的举措，竟会给这个班级带来如此大的变化。我继续问道："那你呢？你觉得自己有什么变化吗？"

小怡想了想，认真思索后回答道："我觉得自己也有了很大的变化。以前的我，总是自卑和迷茫，不知道自己想要什么，也不清楚未来的方向。但听了您的话后，我开始思考自己的人生目标和价值。您一直告诉我们，在大学里，别的可以不做，但一定要找到自己的目标，否则浑浑噩噩的三年将毫无意义。这些话深深触动了我。看到同学们的转变，我的心里也默默种下了一颗种子——我是不是也应该拼一把呢？"

听到这里,我被小怡的真诚和决心深深打动。我注视着她的眼睛,用力点头鼓励道:"小怡,你做得很好!你已经找到了自己的目标,并且正在努力实现它。我相信你,你一定能够成功!"

为了整顿体育教育班的学风和纪律,我决定重新选拔班委,希望选拔一些有责任心和能力的同学担任重要职务。当我提出想让小怡竞选班长一职时,她显得有些惊讶和难以置信。她郑重地抬起头,注视着我,沉思良久后说道:"胡老师,我可以吗?我从未担任过如此重要的职务,担心自己无法胜任。"

我看着她,坚定地说道:"小怡,我相信你可以的!你已经证明了自己的能力和责任心,完全有能力担任班长这一职务。而且,这也是一个锻炼和提升自己的机会,希望你不要错过。"在我的鼓励和劝说下,小怡终于点头应允。在后面的班委竞选中,她发挥出色,如愿当上了班长。

那一刻,我从她的眼神中看到了坚定和自信。我知道,她已经做好了迎接新挑战和机遇的准备。我相信,在她的带领下,整个体育教育一班一定会变得更加团结和进步。

果然,小怡没有让我失望。担任班长后,她工作认真负责,尽心尽力为同学们服务。她每天早早来到教室,检查同学们的出勤和纪律情况。她还主动组织同学们开展各种学习和活动,增强班级的凝聚力和向心力。

短短的几个月内,小怡的变化令人欣喜。她的能力和表现也得到了同学们的认可。每当我布置任务时,她总是第一个站出来响应和支持,无论任务多么困难,她的回答总是:"好的,胡老师!我一定会尽力完成!"她的态度和精神影响了身边的同学,大家开始变得更加积极、主动和上进。

每周一的班长例会，小怡总是带着电脑在图书馆走廊等待。她低着头，专注地整理会议资料，为即将开始的讨论做准备。她的神情认真而投入，仿佛整个世界只剩下她和手中的工作。会议结束后，她又提着电脑跑到图书馆自习室，继续投入到紧张的学习中。每当我经过图书馆时，靠窗的位置总能看到她的身影。她或低头沉思，或奋笔疾书，那种勤奋刻苦的精神让我深感敬佩。

上课前，小怡总会及时在班级群里汇报考勤数据。她认真负责的态度使班级上课的出勤率大幅提高。每当我查课时，第一排中间的位置总能看见她的身影。她坐得笔直，眼睛紧盯着黑板，认真聆听老师的讲解。她用自己的行动为同学们树立了榜样，促使原本习惯往后坐的同学，如今争相抢占前排。曾经令老师们头疼的体育教育班，如今也焕发了蓬勃的朝气。

除了在学习上表现出色，小怡还积极参加各种课外活动和竞赛。她深知大学是一个多元化的平台，只有全面发展自己，才能在未来的竞争中脱颖而出。因此，她总是抓住一切机会锻炼和提升自己。

她参加了全国大学生英语竞赛，凭借扎实的英语基础和出色的表现，取得了优异的成绩。她还担任了体育文化馆的讲解员，用流利的普通话和生动的讲解，向游客们展示了中国体育文化的魅力。她的讲解深入浅出、引人入胜，赢得了游客们的一致好评和赞扬。

此外，她还积极参加了创新创业训练营、文化创意大赛、求职模拟大赛等活动。在这些活动中，她不仅锻炼了自己的创新思维和实践能力，还结识了许多志同道合的朋友和伙伴。她学会了如何与他人合作、如何有效沟通和协调、如何解决问题并应对挑战。

在学业方面，小怡更是取得了令人瞩目的成绩。她深知学习是大学生的首要任务，因此始终保持着对知识的渴望和追求。她每天投入大量时间和精力学习专业知识，努力提升自己的学术水平和综合素质。连续两年，她的学习成绩和综合测评均位居专业第一。她的努力和付出得到了老师和同学们的认可和赞扬，也为自己赢得了更多的机会和荣誉。

今年五月，学校举办了"挑战杯"创新创业大赛。小怡作为团队的核心成员，积极参与了项目的策划和实施。她带领团队成员深入市场调研、分析数据、优化方案，最终成功完成项目并提交了参赛作品。在激烈的比赛中，她们凭借出色的表现和创新的理念，荣获省级三等奖。这一荣誉不仅是对团队努力的肯定，也是对小怡个人能力和综合素质的认可。

当我把这个好消息告诉小怡时，她激动得热泪盈眶。她非常感激地说道："胡老师，谢谢您！如果没有您的鼓励和支持，我不可能有今天的成绩。这个荣誉不仅属于我，更属于您和整个班级！"我看着她眼中闪烁的泪光，心中充满欣慰和感动。我知道，这个曾经害羞腼腆、不敢直视他人的女孩，如今已经蜕变为一个自信大方、勇敢坚强的逐梦少女。

在刚刚结束的国家奖学金答辩中，我也看到了小怡的身影。她站在讲台上，自信大方地向评委们展示自己的成绩和经历。她的演讲条理清晰、逻辑严密、语言流畅，赢得了评委们的一致好评和赞扬。在与众多优秀学子的竞争中，小怡不负众望，获得了国家奖学金。

当她答辩结束，带着自信的微笑朝台下的我点头时，我看到那个曾经羞涩胆小的女孩如今已变得如此优秀和出色。我竖起大拇指，回以欣慰的笑容。我知道，这个荣誉是对她过去一年努力和付出的最好回报，也是对她未来发展和成长的最好激励。

回想起那个曾经害羞腼腆、不敢直视他人的女孩，如今已蜕变为一个为梦想奔跑的逐梦少女,我深感欣慰和自豪,也为自己能够见证她的成长和变化而感到荣幸。

在未来的日子里,我相信小怡一定会继续保持这份热情和努力,不断追求自己的梦想和目标。

二、问题分析

(一)存在的问题

1. 自我认知偏差

小怡因单招背景产生强烈的自卑感,认为自己"学习基础薄弱""无人认可",陷入"我不行"的消极自我定位。

2. 群体性学习动力缺失

班级普遍存在旷课、迟到、昼夜颠倒的现象,多数学生认为"学习无用",排斥上进行为。

3. 目标感与价值感迷失

小怡及其同学长期处于"浑浑噩噩"的状态,缺乏学业规划与人生方向。

4. 同伴压力与从众心理

主动学习者被视为"异类"并遭受孤立,迫使个体压抑学习意愿,如小怡初期隐藏上进心。

5. 纪律意识薄弱

班级形成"早自习睡觉"和"白天逃课"等不良习惯,缺乏自我约束机制。

（二）造成问题的原因

1.单招经历的心理烙印

小怡因中职升学背景产生"低人一等"的认知，将单招等同于能力缺陷。

2.自我认同危机

长期缺乏正向反馈，如"从未被认可"，导致小怡将"差生"标签内化为身份认同。

3.群体惰性循环

班级"混日子"的氛围形成负向激励链，勤奋者被嘲笑、沉默者效仿，进而导致班级整体堕落。

4.内在动机缺失

学生对学业价值的认知停留在"应付考试"层面，未与职业发展、个人成长建立联结。

5.榜样引导缺位

优秀学生案例和朋辈示范的缺乏，导致"破罐子破摔"成为默认生存策略。

三、辅导方案

（一）个性化赋能与角色重塑

针对小怡的自我认知偏差，如"我不行"，通过角色赋权（如班长身份）和成绩见证（如连续两年专业第一），重构"我能行"的自我认同。

例如，通过深度谈心发现小怡的潜能，鼓励其竞选班长，用职务责任倒逼能力成长。

（二）纪律重塑与仪式化管理

通过刚性规则（如零迟到旷课），破除群体惰性，通过空间占领（如前排就座）构建努力学习的心理暗示。例如，实施早自习督导（如查课），强制打破"混日子"惯性。

（三）打造目标激活工程

将抽象的"人生目标"转化为赛事里程碑（如荣获"挑战杯"创新创业大赛省级三等奖），用可见成果验证努力价值，破解目标迷失。例如，持续灌输"大学必须找到目标"的理念，引导小怡参与英语竞赛、"挑战杯"等赛事，明确奋斗方向。

（四）做好榜样裂变式引领

通过朋辈示范瓦解"勤奋可耻"的认知，用现实案例替代空洞说教，打破同伴压力。例如，将小怡塑造为"逆袭典型"，通过国家奖学金答辩、班级经验分享形成辐射效应。

（五）搭建生态化成长平台

通过能力外显和跨界突破，帮助学生重建学业价值认知，激活内在动机。例如，创造担任体育文化馆讲解员、参与创新创业训练营的机会，将教室学习延伸至社会实践。

四、育人感悟

小怡的蜕变历程恰似一粒火种，既点燃了个体生命的璀璨，也照亮了群体觉醒的幽暗。她的蜕变历程串联成教育的密码，让我得以窥见育人工作的本质。

（一）破茧之始在于角色重塑

小怡从腼腆的学习委员蜕变为引领全班的班长，印证了身份标签的重构力量。当"我不行"的自我定义被"班长职责"倒逼改写，每个学生都可能是未被点亮的星。教育者的使命，是为自卑者戴上勇气的冠冕，让职务成为打破认知茧房的钥匙。

（二）纪律是群体觉醒的起搏器

早自习的严苛查寝，实则是打破惰性循环的"休克疗法"。当争抢前排成为新风尚，空教室里的单词声取代鼾声，规则不再是枷锁而是唤醒剂。混沌群体中藏着渴望秩序的灵魂，教育者需要做那个率先按下启动键的人。

（三）赛事里程碑照亮人生旷野

小怡在"挑战杯"创新创业大赛斩获省级奖项的经历，揭示目标可视化的效能。将抽象理想转化为具体赛事目标，如同在迷雾中树立灯塔。当奖杯的金属光泽照亮领奖台，迷茫者终会看清自己跋涉的方向。

（四）逆袭者是最好的布道者

让小怡站在国家奖学金的答辩台上讲述蜕变故事，胜过千次训导。朋辈示范的裂变效应在此显现。当"差生"变身学霸，群体认知的锁链便悄然断裂，这证明教育最有力的论据是身边人的鲜活奋斗。

（五）成长生态需要跨界舞台

体育文化馆讲解员的身份赋予小怡全新维度，印证了能力外显的催化作用。教育不应囿于教室，而要在博物馆长廊、创业路演厅等地方搭建跨界舞台，让学生在角色切换中发现隐藏的自我可能。

五、案例小结

本案例主要聚焦于学生小怡。她作为单招入学的体育教育专业学生，因中职背景陷入深度自卑，且所在班级存在学风涣散、旷课率高、目标迷失等问题，多数学生缺乏学业规划。小怡也深受其影响。

针对这些问题，辅导员通过角色重塑（如竞选成为班长）、纪律重构（如早自习查寝）、赛事驱动（如鼓励学生"挑战杯"）等策略，帮助小怡实现从"差生标签"到国家奖学金获得者的蜕变，并带动班级学风向好。此案例体现了"标签重构—休克唤醒—生态再造"的教育逻辑。辅导员通过身份赋权击碎自我否定，用空间占领战术重构学习场域，以里程碑目标激活成就动机。

展望未来，辅导员可构建数字化成长画像，追踪学生成长轨迹；推动"赛事孵化基地"对接产业需求；建立逆袭者导师团，传承奋斗基因，形成"个体激活—群体变革—生态升级"的可持续育人模型。

后 记

在武汉体育学院体育科技学院担任辅导员的近二十年时间里，我始终与学生并肩而行。那些深夜的谈心、节日的陪伴、危急时刻的奔赴，以及无数个见证蜕变的瞬间，逐渐凝结成这本书——《讲好Z世代的辅导员育人故事：破茧成蝶和双向成长》。Z世代学生带着互联网原住民的独特印记，他们的迷茫与光芒、脆弱与坚韧，让我深感教育不仅是职业，更是生命的对话。写作此书，既是对近二十年育人历程的回望，亦是想将那些暗夜星光般的治愈故事分享给更多教育同行者，愿这份来自一线的实践与思考，能为高校思政工作注入更多温度与力量。

全书以十个篇章构建育人叙事体系，从"逆境飞翔"的破茧之痛，到"游戏迷雾"的突围之战；从单亲学子的情绪风暴，到经济困难学子的温暖逆袭，每个故事都是时代特色的切片。书中创新提出"三阶育人模型"：以规则塑形，如整顿学风时的严格查课；以共情润心，如陪伴抑郁症学生的疗愈之程；以赋能铸魂，如引导电竞少年转型刻苦学习，形成"约束—唤醒—超越"的育人闭环。这些真实案例不仅是教育现场的记录，更暗含对Z世代成长痛点的系统性回应。

在整理过往的二十余万字访谈记录时，我常被两种力量震撼：一是学生遭遇绝境时的生命力，如小润吞药轻生被救后自学吉他舞蹈的坚韧；二是教育者"不放弃任何微光"的信念，如持续为经济困难生小健搭建成长阶梯。这些故事让我重新定义辅导员角色——我们不是解决问题的权威，而是陪伴蜕变的"心灵园丁"。写作过程中，学生发来的数百条感谢短信成为最珍贵的素材，它们证明，真正的教育从不在宏大的理论中，而在细致入微的守望里。

育人如同种树，我们注定看不到它参天的模样，却依然要执着培土灌溉。未来计划推出"Z世代成长案例库"，通过VR技术还原关键教育场景，打造沉浸式辅导员培训体系。期待更多年轻教师加入这场教育实验——不是用我们的过去教育他们的现在，而是以他们的未来重塑我们的认知。

感谢出版社编辑团队的专业打磨，让散落的教育札记成为体系化的育人指南；感谢武汉体育学院体育科技学院的领导同事，包容我的创作；特别致敬我的学生们，书中每个化名背后，都是你们馈赠给我的成长史诗。还要感谢妻子默默承担家庭重任，使我能全心投入写作。最后，将此书献给所有在思政教育一线默默耕耘的同仁，你们的每份坚守都在改写某个孩子的命运轨迹。

胡劲生

2025年春于武汉体育学院体育科技学院